Peter Rummel

ULRICH

VON AUGSBURG

Peter Rummel

ULRICH

VON AUGSBURG

BISCHOF
REICHSFÜRST
HEILIGER

Sankt Ulrich
Verlag

2. Auflage. 1993

Mit kirchlicher Druckerlaubnis
Domdekan Prälat Georg Beis, Diözesanadministrator;
Augsburg, 17. Nov. 1992, Nr. 5224
Umschlaggestaltung: Cornelia Harreiß-Kraft unter Verwendung eines Fotos von
Günther Axmann aus der kath. Stadtpfarrkirche in Eresing.
Lektorat, Herstellung, Satz, Druck und Bindung:
Ludwig Auer GmbH, Donauwörth
Gesetzt aus der Times
Printed in Germany

ISBN 3-929246-**01**-5

Inhalt

Vorwort

1993 begeht das bayerisch-schwäbische Bistum Augsburg ein Jubiläum, das überdiözesane, ja gesamtkirchliche Bedeutung besitzt. Es ist die 1000-Jahr-Feier der Heiligsprechung seines Hauptpatrons, des heiligen Ulrich, der von 890 bis 973 lebte, und dessen Verehrung erstmals in der Geschichte der Kirche durch eine römische Synode unter Vorsitz des Papstes im Jahr 993 offiziell bestätigt und angeordnet worden ist. Schon zu Lebzeiten von den Gläubigen hoch geschätzt, breitete sich ab dem Ende des 10. Jahrhunderts der Kult des Augsburger Bischofs, der in der Reichspolitik wie in der Kirchen- und Bistumsgeschichte eine hervorragende Rolle gespielt hat, in Deutschland und den angrenzenden Ländern aus, hielt über die nachfolgenden Jahrhunderte an und erreichte in der Gegenwart einen erneuten Höhepunkt. Der Darstellung seines Lebens und seiner Verehrung sei dieses Buch gewidmet. Dabei geht es nicht um eine Glorifizierung, nicht um eine legendäre Überhöhung seiner Person, die ihn in eine unwirkliche Sphäre erhebt. Auch Ulrich war nur ein Mensch, nicht frei von Unvollkommenheiten, von einem gewissen Familienstolz, von Unbeherrschtheit und von Nepotismus. Zugleich aber war seine Wesensart geprägt von einer starken Treue zur Kirche und zum Reich, dem er rückhaltlos diente, von einer großen Liebe zu den ihm anvertrauten Menschen, besonders zu den Hilfsbedürftigen, und von einem tiefen Glauben an Gott. Monastisch erzogen, lebte er persönlich sehr einfach und ließ sich auch nicht in die Machtkämpfe hineinziehen, die damals dem Reich und der römischen Kirche viel Schaden zufügten. So beeindruckte Ulrich schon zu Lebzeiten seine Zeitgenossen, und die Nachwelt

sah in ihm ein Vorbild und einen mächtigen Fürsprecher in den mannigfachen Nöten, die keinem Jahrhundert erspart bleiben.
Dieses Buch, für eine breitere Leserschicht gedacht, ist nur ein bescheidener Versuch, die Persönlichkeit und den Kult des großen Augsburger Bischofs skizzenhaft zu zeichnen. Möge es die Erinnerung an den heiligen Ulrich wachhalten und vertiefen. Ulrich ist nämlich nicht nur eine historische Persönlichkeit, sondern er kann in seiner Religiosität, Glaubenstreue, Zuverlässigkeit und selbstlosen Einsatzbereitschaft auch ein guter Weggefährte in unserer Zeit sein.
Danken möchte ich abschließend H. Prälat Heinz Spoden, Augsburg, für die Liste der Ulrichskirchen und Frau Renate Wenck und Frau Hedwig Wellano, Dillingen, für die sorgfältige Erstellung des Registers.

Peter Rummel

Die Heiligsprechung 993

Das Jahr 993 hatte begonnen. Im Lateranpalast auf dem Monte Celio, dem damaligen Wohnsitz des Papstes, versammelten sich Ende Januar neun Kardinäle von römischen Titelkirchen im Stadtgebiet, sechs Bischöfe aus umliegenden Diözesen, mehrere Diakone und zahlreiche Priester zu einer Regionalsynode, die am Mittwoch, den 31. Januar, unter der Leitung von Papst Johannes XV. eröffnet wurde. Seit acht Jahren regierte dieser die Kirche in unruhiger Zeit. Sein Amtsstil blieb nicht ohne Kritik; man warf ihm Habsucht, Begünstigung der Verwandten, aber auch politische Führungsschwäche vor. Ob diese oder ähnliche Probleme auf der Lateransynode 993 besprochen werden sollten, ist nicht vermerkt. Nur ein Punkt der Tagesordnung ist uns überliefert: Die Kanonisierung eines Bischofs, der nördlich der Alpen ein Bistum geleitet hatte und der unmittelbar nach seinem Tod vom gläubigen Volk als Heiliger verehrt wurde. Es ist Bischof Ulrich, der von 923 bis 973 auf dem Augsburger Bischofsstuhl saß.

Sein Nachfolger Liutold, seit 988 im Amt, hatte eigens die beschwerliche Reise nach Rom in Kauf genommen, um sich vom Papst die Erlaubnis geben zu lassen, Bischof Ulrich als Heiligen verehren zu dürfen. Möglicherweise hat dieser Antrag Liutolds in Rom zunächst für Überraschung gesorgt, war es doch bisher nicht üblich gewesen, den Kult eines Blutzeugen oder Bekenners vom Papst genehmigen zu lassen. Vielmehr erwuchs eine solche Verehrung im lokalen Bereich. Auch in Augsburg war Jahrhunderte zuvor am Grab der Martyrerin Afra ein Kult entstanden, angeregt und gefördert durch hilfesuchende Gläubige, durch Wunderberichte und die Überführung der Gebeine in ein neu errichtetes Gotteshaus. Diese Verehrung breitete sich über das Stadtgebiet im Bistum aus und führte schließlich zur allgemeinkirchlichen Anerkennung Afras als Heilige. Warum nun Bischof Liutold einen neuen Weg beschritt und um eine päpstliche Bestätigung des Ulrichskultes ersuchte, wissen wir nicht. Tat er es von sich aus, oder hatte man ihn dazu ermutigt? Für Rom jedenfalls besaß der Antrag Liutolds ein außerordentliches Gewicht. Er hob das Ansehen des Papsttums, das damals ziemlich am Boden lag, und stärkte dessen Zentralgewalt. Damit begann ein neues Kapitel in der Geschichte der Heiligsprechungen. Ulrich gilt als der erste Heilige, dessen Kult von einem Papst bestätigt worden ist. Zwar sollten noch Jahrhunderte vergehen, bis die Kanonisation ganz allgemein ein Vorrecht des Päpstlichen Stuhles wurde, doch leitete das Jahr 993 diese Entwicklung ein. Deshalb kommt der Heiligsprechung des Augsburger Bistumspatrons nicht nur eine diözesangeschichtliche, sondern zugleich eine weltgeschichtliche Bedeutung zu.

Bischof Liutold durfte am 31. Januar dem Papst und den anwesenden Kardinälen, Bischöfen und Klerikern sein Anliegen vortragen. Gründlich hatte er sich darauf vorbereitet und ein Buch mitgebracht, aus dem er vorlas. Es enthielt eine Lebensbeschreibung des Bischofs Ulrich und eine Zusammenstellung von Wunderberichten, beides verfaßt von einem Augsburger Domgeistlichen, dem Propst Gerhard. Dieser hatte die „Vita“ und die „Mirakel“ wohl in den Jahren 973 bis etwa 982 niedergeschrieben und nachfolgend ergänzt, ohne daran zu denken, daß diese Schriften einmal dem Papst vorgetragen werden und als Grundlage für eine offizielle päpstliche Kanonisation dienen sollten. Die Ausführungen Liutolds fanden beim Papst und den anwesenden Synodalen begeisterte Aufnahme, wie die Urkunde beweist, die am 3. Februar 993 von dem Regionalnotar und Vorsteher der päpstlichen Schreibstube, Stephanus, niedergeschrieben wurde. Hierin heißt es – um nur die entscheidenden Abschnitte zu zitieren – in deutscher Übersetzung:

„Bischof Johannes, Diener der Diener Gottes, entbietet allen Erzbischöfen, Bischöfen und Äbten in Gallien und Germanien Gruß im Herrn und Apostolischen Segen.

Bei einer Versammlung im Lateranpalast am 31. Januar in Anwesenheit Seiner Heiligkeit, des Papstes Johannes, im Beisein von Bischöfen und Priestern, unter Teilnahme von Diakonen und des gesamten Klerus, erhob sich der hochwürdigste Bischof Liutold von Augsburg und sprach: Herr Vorsteher, Eure Heiligkeit, mit Eurer Zustimmung und der aller hier anwesenden Bischöfe und Priester soll das Büchlein in meinen Händen vorgelesen werden. Es berichtet über Leben und Wunder des ehrwürdigen Ulrich, des ehemaligen Bischofs der heiligen Kirche von Augsburg. Darnach mögt Ihr beschließen, was Euch gutdünkt . . .

Zunächst wurde die Lebensbeschreibung des genannten heiligen Bischofs verlesen; dann ging man zu den Wundern über, die – sei es im Leibe (d. h. zu seinen Lebzeiten), sei es außerhalb des Leibes (d. h. nach seinem Tod) – gewirkt worden sind: daß er nämlich Blinden das Augenlicht gegeben, Teufel aus besessenen Leibern ausgetrieben, Gelähmte geheilt und sehr viele andere Zeichen gewirkt hat, die nicht mit Feder und Tinte aufgezeichnet worden sind. Alles das ist mit recht gewählter Ausdrucksweise dargestellt, und wir haben es vernommen und sind in gemeinsamer Beratung übereingekommen, das Andenken des heiligen Bischofs Ulrich solle mit herzlicher Zuneigung und treuer Ehrerbietung geehrt werden; denn indem wir die Reliquien der Blutzeugen und Bekenner ehren und verehren, beten wir den an, dessen Zeugen und Bekenner sie sind ... Wir, die wir nicht auf unsere eigene Gerechtigkeit vertrauen, wollen durch die Fürbitte und Verdienste jener stets die Hilfe des allgütigen Gottes erfahren".

Aus dem folgenden Abschnitt, der sehr schwer zu übersetzen ist, könnte man möglicherweise herauslesen, daß Bischof Liutold von Rom angeregt worden ist, die Kanonisation Ulrichs durch den Papst vollziehen zu lassen. Im Urkundentext heißt es (verkürzt zitiert) nämlich: Nicht aufgrund der göttlichen Gebote, der Väterzeugnisse und der Vorstellungen der Ortskirchen, sondern „mehr noch auf Betreiben der apostolischen Leitung" soll also das Gedächtnis des bereits genannten ehrwürdigen Bischofs Ulrich in den göttlichen Kult aufgenommen werden und beim frommen Lobpreis Gottes fortwährend Segen bringen".

Mit der üblichen Androhung einer Strafe bei Zuwiderhandlung und den Unterschriften schließt die Urkunde: „Sollte indes jemand – was wir nicht glauben – den verwegenen Versuch machen, gegen das zu verstoßen, was wir mit unserer Autorität gütig und gültig durch diese Urkunde anordnen, oder das zu bestreiten und in irgendeiner Weise zu übertreten, was wir zum Lobe Gottes und zur Verehrung des vorgenannten Bischofs bestimmen, so soll er wissen, daß er ... dem Kirchenbann verfallen ist. Wer es aber gewissenhaft befolgt, soll vom barmherzigen Herrn und Gott Gnade und Segen in reichem Maß erlangen und des ewigen Lebens teilhaft werden".

Rechtskraft erhielt das Dokument durch die nachfolgenden Unterschriften, an erster Stelle durch die des Papstes: „Ich, Johannes, Bischof der Heiligen Römischen Katholischen und Apostolischen Kirche, habe dieses Dekret veröffentlicht, ihm zugestimmt und es unterschrieben" (consensi et subscripsi). Der Reihe nach schließen sich die Zustimmungserklärungen und Namen der Bischöfe von Anagni, Piperno (Priverno), Ferentino, Silva Candida und Cere (Cerveteri) an. Diese Bistümer, deren Existenz sich um das Jahr 1000 nachweisen läßt, wurden z. T. im Hochmittelalter mit anderen Diözesen uniert. Es folgen die Namen der Kardinäle von neun römischen Titelkirchen, die heute noch bestehen, und die von fünf Erzdiakonen, bzw. Diakonen. Den Abschluß bildet die Datumsangabe (Rom, 3. Februar) und die Bestätigung durch den Bischof von Nepesina und Bibliothekar des Heiligen Stuhles, Johannes.

Dieser Urkundentext, an dessen Echtheit kaum Zweifel bestehen, liegt nicht mehr im Original vor. Das ist auch nicht verwunderlich, haben sich doch aus dieser Periode nur verhältnismäßig wenige Urschriften erhalten. Aus der 2. Hälfte des 11. Jahrhunderts aber wird uns in Augsburger Quellen überliefert, daß Bischof Liutold nach Rom ging und dort von Papst Johannes XV. die Bestätigung erlangte, daß Bischof Ulrich als Heiliger kultisch verehrt werden dürfe. Der Wortlaut des päpstlichen Dekrets findet sich erstmals gedruckt in einem 1516 erschienenen Buch über die Augsburger Heiligen, das zunächst in lateinischer, einige Monate später in deutscher Sprache veröffentlicht wurde. Der Verfasser ist höchstwahrscheinlich der Benediktiner Veit Bild von St. Ulrich und Afra. In diesem Reichsstift und Mittelpunkt der Ulrichsverehrung lagen mit Sicherheit alte Urkunden, die heute nicht mehr vorhanden sind. Über das Bistumsgebiet hinaus wurde die Kanonisationsurkunde durch die päpstlichen Bullariensammlungen bekannt, die seit dem Ende des 16. Jahrhunderts in Rom, Paris und anderen Orten erschienen. Auch fand die Heiligsprechung Ulrichs 993 in Rom Aufnahme in alle angesehenen Kirchengeschichtswerke der Gegenwart. So kommentiert Professor J. Jungmann im Handbuch der Kirchengeschichte (Bd. III/1, 1966) die Bedeutung dieses Ereignisses mit der gewichtigen Aussage: „Wie stark muß der Glaube (an den im Papsttum fortlebenden Petrus) gewesen sein, wenn er das Papsttum ausgerechnet zur Zeit seiner tiefsten Erniedrigung zum erstenmal als besonders sicheren Bürgen für neue Heiligenkulte einsetzte“.

Literatur

Kanonisationsurkunde in: Gloriosorum Christi confessorum Udalrici... Augsburg 1516. – Das leben, verdienen und wunderwerck der hailigen Augspurger Bistumbs bischoffen sant Ulrichs... 1516. – Cherubim Laertes, Bullarium Romanum I,44. Rom 1586. – M. Welser, Vita Udalrici... Augsburg 1595, 172–176. – K. Stengel, Der weitberühmten kaiserlichen freien und des HRR Statt Augspurg... kurtze Kirchenchronik... Augspurg 1620, 119. – J. Mabillon, Acta Sanctorum Ordinis S. Benedicti. Paris 1668–1701, Bd. V. 471. – C. Khamm, Hierarchia Augustana chronologica tripartita Bd. I. 1709, 155. – W. Pötzl, Die Anfänge der Ulrichsverehrung im Bistum Augsburg und im Reich, in: Festgabe 1973 (= Jahrbuch des Vereins für Augsburger Bistumsgeschichte, abgekürzt: JABG) VII, 90–94. – Weitere Literatur in: W. Volkert-F. Zoepfl, Die Regesten der Bischöfe und des Domkapitels von Augsburg Bd. I. Augsburg 1985, Nr. 187 mit Ergänzung. – Zu den Kirchen und Bistümern vgl. H. Jedin (Hg.), Atlas zur Kirchengeschichte. Freiburg 1970. – Enciclopedia Cattolica. Rom 1949 ff. – Die Übersetzung wurde gefertigt von Erzbischof Dr. Josef Stimpfle und Patres von St. Stephan in Augsburg.

Zur Geschichte seiner „Vita“

Wer war Bischof Ulrich, was hatte er getan, daß ihn das gläubige Volk so verehrte, und welche Verdienste hatte er sich erworben, daß er durch den Papst zur Ehre der Altäre erhoben wurde? Viele Fragen, die sich gerade in unserer Zeit stellen und die einer Antwort bedürfen. Nicht fromme Legenden sind gefragt, sondern beweisbare Fakten.

Bischof Liutold legte, wie bereits erwähnt, vor der Kanonisation 993 den versammelten Bischöfen im Lateran ein Buch vor, das über das Leben und Wirken Ulrichs berichtete. Diese Lebensbeschreibung soll auch die Grundlage für die vorliegende Abhandlung bilden. Sie stellt eigentlich einen besonderen Glücksfall dar, gibt es doch aus dem 10. Jahrhundert nur wenige Viten, die so ausführlich und eingehend über einen Menschen berichten. Selbstverständlich darf man dieses Buch nicht mit den Maßstäben eines modernen Historikers messen, denn damals wurde eine Person unter anderen Gesichtspunkten beurteilt. Äußere Daten galten als Nebensache, wichtiger war die Verbindung des Menschen zu Gott. So sollte dieses Buch „den Frommen zum Vorbild und zur Erbauung, den Verächtern der göttlichen Gebote aber zur heilsamen Belehrung oder zur Vermehrung ihrer Strafe gereichen“. Deshalb enthält diese Vita auch erbauliche Elemente, wie Wundererzählungen, Prophezeiungen und Visionen gemäß der in damaliger Zeit bereits vorliegenden Vorbilder für Heiligenviten. Doch durchbricht die Ulrichsvita diese sogenannten Schemata und zeigt zugleich, besonders was die zeitgeschichtlichen Aspekte betrifft, neue Wege auf.

Als Verfasser gilt der Priester Gerhard, höchstwahrscheinlich Propst am Augsburger Mariendom und damit einer der engsten Mitarbeiter Ulrichs. Er hat vor allem aus eigener Anschauung und eigenem Erleben berichtet. Das gilt für die bischöfliche Zeit Ulrichs und die beginnende Verehrung nach dessen Tod. Was aber die Kindheits- und Jugendjahre betrifft, so dürfte Gerhard aus mündlichen Erzählungen älterer Mitbrüder und von Verwandten des Bischofs Wissenswertes erfahren haben. Die Abfassung läßt sich in die Zeit zwischen 973 und 982 datieren, da die Vita als letztes Ereignis die Bestattung des Herzogs Otto von Schwaben in Aschaffenburg Ende Oktober 982 anführt. Diese Vita sollte zur Erinnerung an den bischöflichen Mitbruder und zur Erbauung für die Nachwelt dienen, keineswegs aber als Vorlage für eine offizielle Heiligsprechung in Rom.

Diese Originalfassung wurde wenig später mehrere Male überarbeitet. Den ersten bekannten Versuch unternahm der Nachfolger Liutolds, Bischof Gebehard, der von 996 bis 1001 dem Bistum Augsburg vorstand. Er wollte „Überflüssiges weglassen, dunkle Stellen klarer und deutlicher ausdrücken und allzu Weitschweifiges nach Möglichkeit abkürzen". Doch blieb der Versuch unvollendet und ohne Quellenwert. Mehr Erfolg hatte Abt Berno vom Benediktinerkloster Reichenau, der die Abtei von 1008 bis 1048 leitete. Er war ein gelehrter Mönch, der liturgische Bücher verfaßte und auf Bitten des Augsburger Abtes Fridebold von St. Afra die Vita des Propstes Gerhard durch „einen gepflegteren Stil hübscher machen" sollte. Berno wob manche legendären Züge in das Original hinein, an anderen Stellen verkürzte er den Text Gerhards und verfälschte damit die ursprüngliche Vorlage. Die Vita Bernos, geschrieben zwischen 1020 und 1030 und mit einem Bild des heiligen Ulrich und der beiden Äbte Berno von Reichenau und Fridebold von St. Afra geschmückt, wird heute noch in

der österreichischen Nationalbibliothek in Wien aufbewahrt. Sie fand im späten Mittelalter großen Anklang und erfreute sich höchster Beliebtheit, so daß sie eine weitere Verbreitung fand als das Original von Gerhard.
Wie bekannt die Ulrichsvita in ihren verschiedenen Fassungen im Mittelalter war, zeigt u. a. die Benützung dieser Schrift durch Thietmar von Merseburg in seiner 1012 begonnenen Bischofschronik und durch Ekkehard IV., Mönch von St. Gallen, in seinen zwischen 1030 und 1060 niedergeschriebenen „Casus sancti Galli", in denen er ausdrücklich die „schon dreimal geschriebene Lebensgeschichte Ulrichs" anführt. Damit bezieht er sich auf die Ulrichsvita in den drei Fassungen von Gerhard, Gebehard und Berno. Auch Hermann der Lahme vom Kloster Reichenau, gestorben 1054, benutzte für bestimmte Abschnitte seiner „Chronik" für die Jahre zwischen 953 und 973 die Vita Sancti Udalrici.
Eine erste mittelhochdeutsche Übersetzung in Versform nach der Vorlage von Abt Berno fertigte möglicherweise zur Kirchweihe und Übertragung der Ulrichsgebeine in die neue Grabstätte im Jahr 1187 der spätere Prior von St. Ulrich und Afra, Adilbert, an.
Ist auch das Original der Vita des Propstes Gerhard, die allein als Quelle für den historischen Ulrich gilt, nicht mehr vorhanden, so gibt es doch zahlreiche Abschriften, die bis ins 11., möglicherweise sogar noch ins Ende des 10. Jahrhunderts zurückreichen. Nur beispielhaft genannt seien Codices in Paris, Wien, München und Einsiedeln, während in Rom nur Handschriften aus späterer Zeit aufbewahrt werden. Gedruckt erschien die Ulrichsvita Gerhards erstmals 1595 in Augsburg, herausgegeben von dem Patrizier Markus Welser, der als Vorlage drei Manuskripte von St. Ulrich und Afra benützte, die heute verschollen sind und

von denen eines das Original gewesen sein könnte. Seitdem ist die Vita Sancti Udalrici öfter publiziert worden. Sie gilt als wichtige Quelle zur Geschichte des 10. Jahrhunderts.

Literatur

W. Wolf, Von der Ulrichsvita zur Ulrichslegende. Untersuchungen zur Überlieferung und Wandlung der Vita Udalrici als Beitrag zu einer Gattungsbestimmung der Legende. München 1967. – H. Kallfelz [Übers.], Lebensbeschreibungen einiger Bischöfe des 10.–12. Jahrhunderts. Darmstadt, 36–167. – N. Hörberg, Libri Sanctae Afrae, St. Ulrich und Afra zu Augsburg im 11. und 12. Jahrhundert nach Zeugnissen der Klosterbibliothek. Göttingen 1983.

Das historische Umfeld im 9. und 10. Jahrhundert

Das ostfränkische Reich 843–911/19

Als Ulrich gegen Ende des 9. Jahrhunderts geboren wurde, herrschten in Europa weithin innerer Streit, Unruhen, Krieg und Notzeiten. Das Reich Karls des Großen war längst zerfallen. Schon unter dessen Sohn Ludwig I. begann die Auflösung. Dieser, von den eigenen Söhnen Lothar, Pipin und Ludwig befehdet, teilte das einstige Großreich in drei Herrschaftsgebiete auf. Das führte wiederum zu Machtkämpfen unter den Brüdern. Dieser Zerfall setzte sich in der zweiten Hälfte des 9. Jahrhunderts fort. Im Vertrag von Meerssen bei Maastricht im Jahr 870 erfolgte die Aufteilung des fränkischen Zwischenreiches nördlich der Alpen in die Westhälfte jenseits des Rheins, der Karl II. der Kahle vorstand, und in die Osthälfte unter Ludwig dem Deutschen. Dazu gehörte auch Schwaben. Als Ludwig der Deutsche 876 starb, teilten seine Söhne das väterliche Erbe erneut auf. Karlmann erhielt vorübergehend bis 880 Baiern und die südöstlichen Marken, Ludwig III. Mainfranken, Sachsen und Thüringen, und Karl III. Alamannien und Churrätien. Wohl gelang es Karl III., 881 in Rom zum Kaiser gekrönt, nochmals für kurze Zeit das gesamtfränkische Reich zu vereinigen, doch wurde er 887 von den Fürsten abgesetzt. An seine Stelle trat Arnulf von Kärnten, der 896 von Papst Formosus die Kaiserkrone empfing. Nach dem Tod Arnulfs 899 in Regensburg wählten die Fürsten unter dem Einfluß des Mainzer Erzbischofs Hatto I. den siebenjährigen Sohn Arnulfs, Ludwig das Kind, zum Nachfolger. Achtzehnjährig starb dieser im Jahr 911.

Damit endete die Herrschaft der Karolinger, und der Frankenherzog Konrad I. wurde auf dem Reichstag zu Forchheim auf den Königsthron erhoben. Schwer tat er sich, seinen Führungsanspruch gegenüber den aufbegehrenden und sich z. T. bekämpfenden Stammesherzögen durchzusetzen. In Schwaben rebellierten Pfalzgraf Erchanger und dessen Bruder Berchtold gegen die königliche Vorherrschaft, die der Konstanzer Bischof Salomo III. verteidigte und der deshalb von den Aufständischen gefangengesetzt wurde. Zu deren Verbündeten zählte auch Burchard I., der Sohn des Markgrafen Burchard in Raetien und ein Vetter des späteren Bischofs Ulrich von Augsburg. In Bayern erhob sich Herzog Arnulf gegen den Frankenkönig, der durch die baierischen Bischöfe Unterstützung erhielt. Arnulf mußte der Übermacht des Königs weichen, der für den 20. September 916 eine Reichssynode in die Johanneskirche in Hohenaltheim im Ries einberief. In Anwesenheit eines päpstlichen Legaten wurden Erchanger und Berchtold zu lebenslänglicher Klosterhaft verurteilt, 917 aber von Konrad hingerichtet. Arnulf von Baiern dagegen verweigerte jegliche Vorladung vor ein königliches Gericht und behauptete seine Stellung gegen den Willen des Königs und der Bischöfe. Burchard I. jedoch, der von Konrad Vergebung erlangt hatte, wurde nun allgemein als Herzog von Schwaben anerkannt und stand bald beim neuen König, Heinrich I., dem ehemaligen Herzog von Sachsen, in hohem Ansehen. Diesen Einfluß machte Herzog Burchard dann 923 bei der Ernennung Ulrichs zum Bischof von Augsburg geltend.

Nicht nur innenpolitisch war das ostfränkische Reich durch unheilvolle Machtkämpfe der Stammesherzöge gegen die Königsherrschaft erschüttert worden, auch von außen her wurde es im 9. Jahrhundert hart bedrängt. 845 plünderten

die Normannen Paris und zerstörten Hamburg. Um 850 setzten sie sich an der Seine- und Loiremündung fest, drangen um 863 rheinaufwärts vor und legten Xanten in Schutt und Asche. Obwohl sie 881 bei Saucourt eine empfindliche Niederlage erlitten, überfielen sie zwei Jahre später Aachen, Köln und Trier und belagerten erneut Paris. 891 allerdings vermochte Arnulf von Kärnten in der Schlacht bei Löwen den Normannen eine empfindliche Niederlage beizubringen, so daß sie fortan das ostfränkische Reich von ihren Überfällen verschonten und sich mit ihren schnellen Schiffen gegen England wandten.
Eine weitere Gefahr bedrohte damals Europa von Süden her. Es waren die Araber, die 846 bei Ostia landeten und von dort aus Rom plünderten. Drei Jahre später eroberten sie Benevent, 870 die Insel Malta und 902 besetzten sie endgültig Sizilien, das bis zur Mitte des 11. Jahrhunderts in ihrem Besitz blieb.
Am bedrohlichsten aber waren die Einfälle der heidnischen Ungarn, die ursprünglich wohl aus der Uralgegend gekommen waren und sich im letzten Drittel des 9. Jahrhunderts in der Donauebene, im ehemaligen Siedlungsgebiet der Awaren niedergelassen hatten. Von dort aus drangen sie bis nach Wien vor, fielen wiederholt raubend und plündernd in Süddeutschland und Oberitalien ein und gelangten bis in die Schweiz und an die Grenzen Frankreichs. Insgesamt suchten sie über dreißig Mal in kleineren oder größeren Gruppen das ostfränkische Reich heim. Dabei verwüsteten sie auch im schwäbisch-bayerischen Raum die Klöster Benediktbeuern, Staffelsee, Diessen, Wessobrunn und Thierhaupten. Vergeblich hatten sich 907 Markgraf Luitpold von Karantanien und Pannonien mit den baierischen Bischöfen bei Preßburg dem Ansturm der Ungarn entgegengestellt und waren vernichtend geschlagen wor-

den. Gleiches geschah drei Jahre später, als ein fränkisch-schwäbisches Heer bei der Lechmündung den Reiterhorden unterlag. Auch ein Sieg Konrads I. 912 bei Altötting konnte die Stoßkraft der „Sendlinge des Teufels“, wie das Volk die Ungarn nannte, nur vorübergehend stoppen. 913 fielen sie wiederum in Baiern und Schwaben ein, und plünderten möglicherweise erstmals Augsburg, nachdem sie zuvor bereits mehrfach den Lech überschritten hatten. Weitere Angriffe folgten 923 und 926, bis endlich im Jahr 955 in der Lechfeldschlacht die Macht der Ungarn gebrochen werden sollte. Für die Bevölkerung der heimgesuchten Ortschaften waren es Jahre der Angst und Bedrückung.

Der Niedergang des Papsttums bis 923

Wenig oder nichts wußten dagegen die einfachen Leute davon, daß, zeitlich versetzt, sich der Verfall des karolingischen Großreiches auch auf das Papsttum auswirkte und gegen Ende des 9. und in den ersten Jahrzehnten des 10. Jahrhunderts zu einem Niedergang der Kirche führte. Nicht mit Unrecht nennt man diese Periode das „saeculum obscurum“. Es ist ein Abschnitt der Kirchengeschichte, den manche gern verschweigen möchten, zu dem wir uns aber bekennen müssen. Damals haben die Nachfolger des heiligen Petrus z. T. große Schuld auf sich geladen und dem Ansehen der Kirche in ihrer Zeit und in der Geschichte sehr geschadet. Mögen auch viele Faktoren zu dieser unheilvollen Entwicklung beigetragen haben, als eine der Hauptursachen kann dennoch die Verquickung von politischer Macht und geistlichem Amt gelten, verbunden mit der Begünstigung einzelner Familien und römischer Adelsparteien. Die Mehrzahl der Päpste dieser Zeit gaben der

Sicherung und Ausweitung des Kirchenstaates den Vorrang vor ihrer Hirtenaufgabe. Sie ließen sich in Intrigen verstricken und führten so die Kirche in eine tiefe Krise.
Zunächst aber erreichte das Ansehen des Papsttums unter Nikolaus I. (858–867) nochmals einen ungeahnten Höhepunkt. Nikolaus gilt als der bedeutendste Oberhirte auf dem Stuhl Petri zwischen Gregor I. (590–604) und Gregor VII. (1073–1085), als Priester von untadeliger Haltung, wissenschaftlicher Bildung und unbeugsamem Gerechtigkeitsgefühl. Sein ganzes Bemühen galt der Freiheit und Erhöhung der Kirche. Er war davon überzeugt, daß dem Papsttum als oberste Instanz in Fragen der Religion und Sittlichkeit auch die weltlichen Staaten und Könige verantwortlich waren. So verurteilte er das sittenlose Treiben am Königshof Lothars II. von Lotharingien, ging aber zugleich mit aller Schärfe gegen ungehorsame Bischöfe vor.
Unter seinen Nachfolgern Hadrian II. (867–872) und Johannes VIII. (872–882) machten sich jedoch der Niedergang der politischen Schutzmacht und dessen unheilvolle Auswirkungen auf die Kirche bereits bemerkbar. Innerhalb Roms gewannen die sich bekämpfenden Adelsparteien an Einfluß, und Johannes VIII. wurde als erster von mehreren mittelalterlichen Päpsten auf grausame Weise ermordet. Damit begann das „dunkle Jahrhundert“ in der Geschichte der Kirche.
In dem kurzen Zeitraum zwischen 882 und 923, dem Amtsantritt Ulrichs in Augsburg, bestiegen 14 Päpste den Stuhl Petri, unter ihnen der in der Ulrichsvita genannte Marinus I. (882–884). Fast alle verstrickten sich in die Abhängigkeit verschiedener königlicher und adeliger Interessengruppen. Zu den Opfern zählte u. a. Papst Formosus von Porto (891–896), dessen Leichnam auf Anordnung seines Nachfolgers Stephan VI. (896–897), eines Feindes des Verstor-

benen, ausgegraben, auf einer römischen Synode in päpstlichen Gewändern zur Schau gestellt, verurteilt, verstümmelt und schließlich in den Tiber geworfen wurde, wo ihn ein Einsiedler barg und neu bestattete. Papst Stephan VI. aber, dem der Stadtklerus diesen Frevel nicht verzieh, wurde wenig später abgesetzt, ins Gefängnis geworfen und dort erdrosselt aufgefunden.

Wie Stephan VI., so regierten auch seine Nachfolger nur wenige Jahre in Rom. Nicht alle Päpste waren unwürdige Vertreter auf dem Stuhl Petri, doch fehlte ihnen entweder die Kraft oder die Zeit, sich im politischen Parteienstreit durchzusetzen, oder sie wurden Opfer unheilvoller Intrigen. So starben Leo V. (903) und Christophorus (903–904) schon nach wenigen Monaten eines gewaltsamen Todes, und Sergius III. (904–911) stand ganz unter dem Einfluß der ehrgeizigen und mächtigen Familie des Theophylakt, der dem römischen Adel entstammte und den Titel „consul, dux et senator Romanus“ führte. Sollte Ulrich in den Jahren 908/09 erstmals Rom besucht haben, wie es die Vita des Propstes Gerhard berichtet, so begegnete er Papst Sergius III. und nicht Marinus. Die Bischofsweihe aber empfing Ulrich im Pontifikat des Papstes Johannes X. (914–928), einer wenig priesterlich geprägten, mehr politisch aktiven Persönlichkeit, die sich im Kampf gegen die Sarazenen an die Spitze der römischen Soldaten stellte, später aber im Streit mit dem römischen Adel unterlag, ins Gefängnis geworfen und dort ermordet wurde.

Zur Reichsgeschichte unter Heinrich I. und Otto I.

Inzwischen hatte sich wenige Jahre vor der Bischofswahl Ulrichs (923) im Reich eine machtpolitische Wende abgezeichnet. Seit 919 regierte der Sachsenherzog Heinrich I., genannt der Vogler, den die in Fritzlar versammelten Adeligen zum Nachfolger des im Dezember 918 verstorbenen Konrad I. bestellt hatten. Salbung und Krönung durch den Mainzer Erzbischof Heriger lehnte Heinrich jedoch ab. Diese Absage bedeutete wohl kaum einen Affront gegen die damals mächtigen Bischöfe, noch weniger eine kirchenfeindliche Haltung, eher einen Verzicht auf eine zentrale königliche Kirchenhoheit, die Heinrich zum damaligen Zeitpunkt gegen die Stammesherzöge nicht durchzusetzen vermochte. Bedurfte es doch großer Anstrengungen, um überhaupt die Anerkennung der Herzöge zu gewinnen. Dies gelang ihm wohl in Schwaben bei Herzog Burchard I., dagegen nur unter Gewährung weitgehender Zugeständnisse in Baiern, wo Herzog Arnulf die Königswürde beansprucht hatte und nur unter Zusicherung größter Unabhängigkeit die Oberhoheit Heinrichs anerkennen wollte. Voraussetzung dafür war das herzogliche Ernennungsrecht der Bischöfe, das die Synode von Hohenaltheim im Ries 916 ausdrücklich abgelehnt hatte. Nur der König, nicht die Herzöge sollten die Bischöfe ernennen; eine Forderung, die Heinrich nicht durchsetzen konnte. Möglicherweise hat er deshalb auf die kirchliche Krönung und Salbung verzichtet.

Diese Entscheidung rief beim Klerus harte Kritik hervor, die sich auch in der Vita S. Udalrici widerspiegelt und in Form einer Vision ausgedrückt wird: Zu einem ungenannten Zeitpunkt erschien Bischof Ulrich die Augsburger Märtyrerin St. Afra im Traum und erhob schwere Klage gegen den baierischen Herzog Arnulf, der Klöster aufhob und Kirchengut an Laien zu Lehen gab. Dann aber zeigte der heilige Petrus dem Bischof zwei Schwerter, eines mit, das andere ohne Knauf, und sprach: „Sage dem König Heinrich: Das Schwert, das keinen Knauf hat, bedeutet einen König, der ohne kirchliche Weihe das Königtum innehat; das andere mit dem Knauf aber bedeutet den König, der mit göttlicher Weihe die Zügel der Herrschaft hält".

Dennoch zeigte Heinrich I. keine Abneigung gegen die Geistlichkeit oder die Religion überhaupt, wie die Geschichtsschreibung einer Periode es darzustellen versuchte. Der König übertrug dem Mainzer Erzbischof Heriger die Leitung seiner Kanzlei und das Amt des Erzkaplans. 932 berief er eine Reichsversammlung und Synode nach Erfurt ein, an der zahlreiche Bischöfe, u. a. Ulrich von Augsburg, teilnahmen. Eifrig war er bemüht, Reliquien zu erwerben, vor allem die Heilige Lanze, die nach mittelalterlicher Auffassung die Passionslanze Jesu war und in deren Mitte sich ein Nagel vom Kreuz befand. Um in ihren Besitz zu gelangen, bat und drohte er dem Eigentümer dieser Kostbarkeit, Robert von Burgund, und tauschte schließlich im Raum Basel ein Stück Land gegen dieses Heiltum ein.

Im politischen Bereich besaß Heinrich eine glückliche Hand. Infolge seiner klugen Kompromißbereitschaft vermochte er seine Herrschaft zu stabilisieren und die Voraussetzungen für das Erstarken des späteren ottonischen Reiches zu schaffen. Durch Bündnisse und Abkommen mit den Herzögen versuchte er, größere Stammeskämpfe zu unterbinden und durch einen neunjährigen, wenn auch tributpflichtigen Waffenstillstand mit den kriegerischen Ungarn einen relativen Frieden zu sichern, den er zum

Ausbau von Befestigungsanlagen nützte. 933 gelang es ihm schließlich, den erneut anstürmenden Ungarn in der Schlacht bei Riade, wohl an der Unstrut, eine Niederlage beizubringen. Jetzt wurde seine Autorität von allen respektiert und niemand erhob Einspruch, als Heinrich wenige Monate vor seinem Tod den ältesten Sohn aus zweiter Ehe mit Mathilde, Otto, zum künftigen König designierte. Heinrich I. starb 936 und fand seine letzte Ruhestätte in der Stiftskirche St. Servatius in Quedlinburg.
Otto, der schon von seinen Zeitgenossen den Beinamen „der Große" empfing, übernahm nach der feierlichen Salbung und Krönung im Münster zu Aachen am 7. August 936 die Regierung. Es war ein festlicher Tag, der Einheit dokumentierte; doch bald begehrten die um ihre Selbständigkeit bangenden Stammesherzöge von Lothringen, Franken, Schwaben und Baiern gegen den noch nicht 30jährigen Herrscher auf, unterstützt von Familienangehörigen Ottos, die für sich selbst die Königswürde erhofft hatten. So galt es für Otto, in den folgenden zwei Jahrzehnten einerseits die Einheit des Reiches zu sichern, andererseits den Einfällen der Slawen und wiedererstarkten Ungarn im Osten und Südosten zu wehren. Erst nach dem Sieg über die Ungarn im Jahr 955 vermochte Otto sein Ziel zu verwirklichen, nämlich die königliche Zentralgewalt durch die Ernennung geistlicher Fürsten ohne Erbfolge zu stärken.
So entstand die Institution der Reichsbischöfe und der Reichskirche. Der König verlieh fortan durch Übergabe des Bischofsstabes, später auch des Ringes, die Bistümer und Abteien an zuverlässige und königstreue Kleriker und behielt sich zugleich die Nutzung des Kirchengutes durch bestimmte Auflagen, wie Gastung, Heerfolge und andere wirtschaftliche Leistungen vor. Otto tat diesen Schritt sicher aus politischen Nützlichkeitserwägungen, doch ließ er

sich ebenso von theokratischen Herrschaftsvorstellungen leiten. Durch die Übertragung von Regalien, wie Gerichtsbarkeit, Münz-, Markt- und Zollrecht, stärkte er die Position der Bischöfe gegen die weltlichen Fürsten und legte damit den Grund für die spätere Entwicklung der mittelalterlichen Feudalkirche, die das geistliche und religiöse Leben in den folgenden Jahrhunderten entscheidend mitprägte und viele Vorteile, aber ebenso schwere Nachteile brachte. Waren doch die adeligen Fürstbischöfe und Fürstäbte nicht nur die geistlichen Hirten ihrer Bistümer und Klöster, sondern zugleich weltliche Landesherren der Hochstifte und Stifte. Den Höhepunkt seiner Regierungszeit erreichte Otto I. im Jahr 962, als er durch Papst Johannes XII. zum Kaiser gekrönt wurde. Handelte der Papst auch nicht uneigennützig, so bedeutete für Otto und seine Gemahlin Adelheid die Kaiserkrönung eine heilige Weihe, zugleich eine Verpflichtung, die Kirche zu schützen und sich für deren Erneuerung einzusetzen. Darauf verwandte er in den letzten zehn Lebensjahren seine ganze Kraft, bis er am 7. Mai 973, zwei Monate vor Bischof Ulrich von Augsburg, im Alter von 61 Jahren in Memleben, westlich von Nebra, starb und in Magdeburg bestattet wurde.

Das Papsttum im Interessenstreit römischer Adelsfamilien

Erlebte Ulrich in seiner 50jährigen Amtszeit als Bischof von Augsburg ein erstarkendes Königtum und eine Konsolidierung der weltlichen Herrschaftsverhältnisse, so herrschten in Rom noch über Jahrzehnte hin desolate Zustände. 13 Päpste leiteten zwischen 923 und 973 die Kirche, die Mehrzahl von ihnen war ihres Amtes nicht würdig. Dazu gehörten Leo VI. (928) und Stephan VII. (928–931), die ihre Ernennung der Tochter Theophylakts, Marozia, verdankten, und deren Sohn, der als Johannes XI. von 931 bis 936 der Kirche vorstand. Als Alberich, ein Nachkomme Marozias aus deren Verbindung mit Alberich von Spoleto, die Macht in Rom an sich riß und als „Senator omnium Romanorum" das Papsttum in seine Abhängigkeit brachte, besserten sich zwar die Zustände an der römischen Kurie, und die cluniazensische Reform fand Eingang in den Klöstern Roms und der Umgebung, dennoch verlor das Papsttum seine Handlungsfreiheit. Auf Drängen Alberichs wählten die Römer nach dem Tod Agapitus' II. (946–955) den Sohn Alberichs, Oktavian, zum Nachfolger, der den Namen Johannes XII. (955–964) annahm und die weltliche und geistliche Macht der „Ewigen Stadt" wieder in einer Hand vereinigte. Allerdings fühlte sich der zwanzigjährige Papst, dem man einen sittenlosen Lebenswandel nachsagte, in erster Linie als weltlicher Herrscher des Kirchenstaates. Dessen Sicherung galt auch ein erfolgloser Feldzug gegen Markgraf Berengar II. von Ivrea und dessen Sohn Adalbert, die beide 950 in Pavia gekrönt, ihre Macht auf das Territorium des Kirchenstaates ausdehnen wollten. Um diese Gefahr zu bannen, schickte Johannes XII. an Weihnachten 960 Gesandte an Otto I. mit der Bitte um sofortige Hilfe. Im Spätsommer 961 brach der König mit einem Heerbann nach Rom auf und kam im Januar 962 in die „Ewige Stadt", wo er am 2. Februar mit seiner Gemahlin Adelheid aus der Hand des Papstes die Kaiserkrone empfing, die fortan mit der deutschen Königswürde verbunden blieb. Otto nahm sofort die ihm von der Kirche zugesicherten kaiserlichen Rechte wahr und geriet dadurch in Konfrontation mit Johannes XII., der sich nun in seiner

Abhängigkeit bedroht fühlte. Dieser nahm Verhandlungen mit den Feinden des Kaisers auf. Otto aber ließ den Papst auf einer Synode in St. Peter wegen unsittlicher Lebensführung absetzen und Leo VIII. (963–965), einen unbescholtenen Mann, wählen, der allerdings rechtswidrig an einem Tag alle Weihen empfing. Doch Johannes XII. gab nicht auf. Nach dem Abzug des Kaisers von Rom ergriff er erneut Besitz vom Stuhl Petri, ließ Leo exkommunizieren und dessen Wahl für ungültig erklären. Ein Schlaganfall im Mai 964 beendete allerdings die Amtszeit des unwürdigen Johannes XII.

Der von den Römern gegen den Willen des Kaisers bestellte Benedikt V., ein frommer Priester, wurde von Otto I. noch im Sommer 964 abgesetzt und nach Hamburg verbannt, Leo VIII. wieder in seine Rechte eingeführt. Nach dessen Tod 965 wählten die Römer in Anwesenheit zweier kaiserlicher Vertreter, der Bischöfe Otger von Speyer und Liutprand von Cremona, den bisherigen Oberhirten von Narni, der den Namen Johannes XIII. (965–972) führte. Doch wenig später empörten sich wiederum römische Adelsfamilien gegen diesen Günstling des Kaisers und ließen ihn gefangennehmen. Dennoch konnte dieser Monate später mit kaiserlicher Unterstützung die Leitung der Kirche übernehmen. Da Otto I. nun bis 972 in Italien blieb, kehrte allmählich Ruhe ein. Johannes XIII. regierte in vollem Einvernehmen mit dem Kaiser. Er erhob 968 das Bistum Magdeburg, eine Gründung Ottos, zur Metropole. Schon ein Jahr zuvor hatte er dessen Sohn Otto II. zum Mitkaiser gekrönt.

Nach dem Tod Ottos des Großen im Jahr 973 erschütterten erneut die Parteienkämpfe des römischen Adels das Papsttum. Die Nachfolger Johannes' XIII. – zwischen 973 und 993 waren es ingesamt sechs – wurden z. T. ermordet oder vertrieben. Auch Johannes XV. (985–996), unter dessen Pontifikat die Kanonisation Ulrichs erfolgte, vermochte nicht den Frieden zu bringen. So sollten noch Jahrzehnte vergehen, bis in Rom wieder würdige Päpste den Stuhl Petri bestiegen.

Diese vielen nur anskizzierten Schattenseiten machen aber nicht das ganze Bild der frühmittelalterlichen Kirchengeschichte aus. Es wäre einseitig, nur diese dunklen Flecken aufzuzeigen und das Licht zu ignorieren, das auch in diesem „saeculum obscurum" in der Kirche aufgestrahlt ist. Zu diesen Lichtpunkten gehören beispielsweise die klösterliche Reformbewegung von Cluny, aber auch Persönlichkeiten wie Bischof Ulrich von Augsburg, dessen Wirken sich auf dem düsteren Hintergrund vorteilhaft abhebt.

Literatur

R. Holtzmann, Geschichte der sächsischen Kaiserzeit (900–1024) [4]1961. – J. Fleckenstein, Das Reich der Ottonen im 10. Jahrhundert, in: B. Gebhard, Handbuch der deutschen Geschichte, hrsg. v. H. Grundmann [9]1970. – G. Althoff-H. Keller, Heinrich I. und Otto der Große 1985. – H. Beumann, Die Ottonen 1987. – Lexikon des Mittelalters I–V, 1980 ff. – M. Spindler (Hg.), Handbuch der bayerischen Geschichte Bd. I. [2]1981.

F. X. Seppelt, Geschichte der Päpste II. [2]1955, 241–378. – Handbuch der Kirchengeschichte (Hg.) H. Jedin, Bd. III/1, 1966, 160–178, 232–245. – H. Zimmermann, Papstabsetzungen des Mittelalters 1968. – Ders., Papstregesten (991–1024), (= Regesta Imperii II/5), 1969. – Ders., Das Papsttum im Mittelalter 1981. – Ders., Das dunkle Jahrhundert – Ein historisches Porträt 1971. – Kurzbiographien der Päpste, in: Lexikon des Mittelalters, 1980 ff.

Porträt des Heiligen Ulrich von 1763 (Klosterlechfeld). (Foto Wolf-Christian von der Mülbe)

Das Ostensorium (Monstranz) des Ulrichskreuzes mit Reliquie (Basilika St. Ulrich und Afra zu Augsburg) enthält im Zentrum zwei kreuzförmige Gehäuse. Das Innere aus dem 14. Jh. mit der rückseitigen Inschrift „Siegeskreuz des Heiligen Ulrich, Bischof von Augsburg“ birgt ein hölzernes Kreuz, das der Überlieferung zufolge vom Kreuz Christi stammt. Bischof Ulrich hat es 954 in Rom erhalten und als Brustkreuz getragen. (Foto Wolf-Christian von der Mülbe)

Das Deckengemälde der Wallfahrtskirche in Eresing (Landkreis Landsberg am Lech) zeigt die Lechfeldschlacht von 955. (Foto Günther Axmann)

Auf dem Hochaltarbild der Pfarrkirche St. Ulrich in Habach (1668 geweiht) kniet der Heilige Ulrich vor der Gottesmutter, während unter ihnen die Lechfeldschlacht tobt. (Foto Traudl Bühler)

Der Bischof und Reichsfürst Ulrich von Augsburg

Abstammung und Familie

Der Name Ulrich, Udalrich, Odalrich, Edalricus, um nur einige der mehr als zwanzig Varianten zu nennen, die in den Quellen überliefert sind, bedeutet: reich an Odal, an väterlichem Erbe. Er erscheint mehrfach bei den Vorfahren des Augsburger Heiligen, wie aus verschiedenen Abhandlungen zur Familiengeschichte zu entnehmen ist. Diesen Arbeiten, so gründlich sie auch vorbereitet worden sind, kommt aber letztlich nur mehr oder weniger hypothetischer Wert zu. Es ist aufgrund der Quellenlage einfach nicht möglich, einen Stammbaum mit absoluter Sicherheit aufzustellen. Dennoch gibt es eine Reihe von Aussagen, die zumindest der Wahrscheinlichkeit nicht entbehren. Nur wenige Nachrichten aus der Vita Sancti Udalrici, die sich auf die Kindheitsgeschichte Ulrichs beziehen, gelten als zuverlässig. So betont Gerhard schon im ersten Kapitel: „Ulrich entstammte einem hochadeligen alamannischen Geschlecht und war das Kind frommer und edler Eltern." Diese hießen Hupald und Dietpirch. Der Vater Hupald starb um das Jahr 908; eine spätere Überlieferung, die Frankfurt a. Main als Sterbe- und Neresheim als Begräbnisort anführt, ist nicht glaubwürdig. Die Mutter Dietpirch, die möglicherweise die Bischofsweihe ihres Sohnes noch miterlebte, fand ihre letzte Ruhestätte am Stammsitz der Familie, in Wittislingen, Kreis Dillingen. In der dortigen Pfarrkirche erinnert heute noch eine Grabplatte aus dem 18. Jahrhundert an sie.

Propst Gerhard nennt auch die Namen der Geschwister Ulrichs: Dietpald, wohl der älteste Bruder Ulrichs, Manegold und Liutgard. Wie Ekkehard in seinen „Casus s. Galli" berichtet, soll außerdem eine weitere Schwester als Nonne in dem damaligen Benediktinerinnenkloster Bu-

chau am Federsee gelebt haben. Dietpald fiel in der Ungarnschlacht 955 auf dem Lechfeld, Manegold lebte möglicherweise in Wittislingen oder auch in Dillingen und Liutgard war mit einem Grafen Peiere verheiratet. Aus dieser Ehe stammten Reginbald, der gleich seinem Onkel Dietpald im Kampf gegen die Ungarn fiel, Adalbero, den Ulrich zu seinem Nachfolger erkoren hatte, aber im Frühjahr 973 überraschend vor seinem Onkel starb, und Manegold, der ebenfalls für das Jahr 973 in der Vita erwähnt wird. Zwei weitere Neffen Ulrichs waren Riwin, ein Sohn des gefallenen Dietpald, der 973 mit seiner Gemahlin Hildegard die Burg in Dillingen bzw. Oberdillingen bewohnte, und Hupald, ein Nachkomme Manegolds, der ebenfalls für das gleiche Jahr bezeugt ist.
Bischof Gebehard, der die Vita des Propstes Gerhard teilweise überarbeitete, bietet einen weiteren Hinweis zur Familiengeschichte: „Ulrich stammte aus dem erlauchtesten Geschlecht der Herzöge und Grafen von Alamannien." Genealogische Überlegungen und jüngste Forschungen zur Besitzgeschichte, die im wesentlichen zum gleichen Ergebnis führten, scheinen die Angaben Gebehards zu bestätigen und ermöglichen glaubhaft, die Ahnenreihe Ulrichs väterlicher- und mütterlicherseits bis in das beginnende 8. Jahrhundert zurückzuverfolgen. Beide Linien treffen sich demnach bei dem Alamannenherzog Godefried, gestorben 709. Der Vater Ulrichs gehörte zum Geschlecht der Hupaldinger, das sich wiederum von Theutbald, gestorben nach 746 als Herzog der Schwaben ableitet. Die Mutter Dietpirch aber stammte aus dem Geschlecht der Burchardinger und war wohl eine Nichte des Markgrafen in Raetien, Burchard, und eine Base des Schwabenherzogs Burchard I., deren Stammbaum sich über Adalbert, Graf in Raetien und Thurgau (833–858), und Huoching ebenfalls auf Gode-

fried zurückführen läßt. Umstritten und zweifelhaft ist jedoch die These, daß auch der Bayernherzog Tassilo III. (748–788) über Odilo, einem Bruder von Theutbald und Huoching, mit Godefried und damit auch mit den Hupaldingern verwandt war.
Der umfangreiche Grundbesitz der Hupaldinger in Ostschwaben, der sich beiderseits der Donau von Ulm bis Donauwörth und vom Härtsfeld bis in die Gegend von Krumbach erstreckte und zu dem auch Wittislingen bei Dillingen gehörte, war vom ursprünglichen alamannischen Herzogsgut abgetrennt worden. Daß Wittislingen tatsächlich uralter Adelssitz war, beweist das 1882 entdeckte Grab der „Fürstin" aus der zweiten Hälfte des 7. Jahrhunderts. Diese Frau, deren Ruhestätte mit erlesenen Beigaben, u. a. einer kostbaren Bügelfibel mit christlicher Inschrift ausgestattet war, kann wohl mit Recht als Angehörige des alamannischen Herzogshauses und höchstwahrscheinlich als eine Vorfahrin Ulrichs verifiziert werden.

Der Geburtsort

In der Wittislinger Burg, die ursprünglich am Platz der heutigen Pfarrkirche stand und deren Lage durch die Straßenführung noch zu erkennen ist, kann mit großer Wahrscheinlichkeit der Wohnsitz der Eltern Ulrichs, Hupald und Dietpirch, vermutet werden; eine örtliche Überlieferung kennt sogar das Geburtshaus, das mit einem Ulrichsbild geschmückt ist. Nichts läge also näher als die Annahme, daß Ulrich in Wittislingen geboren worden sei. Die Vita des Propstes Gerhard allerdings gibt darüber keine Auskunft. Gleiches gilt für die nachfolgenden spätmittelalterlichen Berichte und die Literatur des 17. und 18. Jahrhunderts. Scheint das Geburtsjahr 890 gesichert, so bleibt dagegen der Geburtsort unbekannt, was eigentlich nicht zu verwundern ist. Kennen wir doch auch von zeitgenössischen Königen und Herrschern des 9. und 10. Jahrhunderts meistens die Sterbe-, nicht aber die Geburtsorte.

Nun heißt es in fast allen neuzeitlichen Veröffentlichungen, Ulrich sei ein gebürtiger Augsburger. Doch diese Behauptung ist mehr als fragwürdig. Sie wurde erstmals zu Beginn des 19. Jahrhunderts von dem Augsburger Benediktinerpater Placidus Braun aufgestellt und dann von den späteren Historikern gern übernommen. Braun beruft sich auf ein Gespräch, das Ulrich – wie im 1. Kapitel der Gerhardsvita vermerkt – anläßlich seiner ersten Romreise 908/09 mit Papst Marinus geführt haben soll. Marinus fragte den jungen Kleriker: „In welchem Land oder in welcher Stadt er geboren sei?“ Dieser antwortete: „Ich stamme aus der Provinz Alamannien und der Stadt Augsburg und stehe im Dienst Adalberos, des Bischofs dieser Stadt.“ Diese scheinbar klare Aussage, der vor Placidus Braun niemand besondere Beachtung geschenkt hat, erweist sich bei genauerer Untersuchung als zweifelhaft. Der Bericht Gerhards über die erste Romreise Ulrichs enthält nämlich Unstimmigkeiten. 908/09 regierte nicht Papst Marinus, sondern Sergius III. Marinus I. leitete die Kirche von 882 bis 884 und Marinus II. von 942 bis 946. Daraus ergeben sich einige Fragen: Hat der Biograph, wie einige argumentieren, nur zufällig den Namen des Papstes verwechselt? Oder ist diese erste Begegnung Ulrichs mit dem Papst überhaupt in den Bereich der Legende zu verweisen? Wollte Gerhard, der die Frühzeit Ulrichs nur vom Hörensagen kannte, aufzeigen, daß Ulrich durch göttlichen Ratschluß vorherbestimmt, schon in jungen Jahren zu großen Aufgaben berufen war? Sollte möglicherweise die enge

Verbindung Ulrichs mit seiner späteren Bischofsstadt auch durch den Hinweis auf Augsburg als Geburtsort dokumentiert werden? Diese Fragen stehen im Raum und lassen sich keineswegs durch den wenig überzeugenden Hinweis Brauns entkräften: Der Vater Ulrichs habe, der Sitte der Zeit gemäß, „teils zu seiner Bequemlichkeit, teils zu seiner Sicherheit“ ein eigenes Stadthaus in Augsburg besessen. Dazu kommt, daß in der späteren Fassung der Ulrichsvita von Abt Berno die Fragestellung des Papstes und damit auch die Antwort Ulrichs im Jahr 908/09 eine andere war. Marinus erkundigte sich: Wer Ulrich sei und woher er komme. Dieser aber gab zur Antwort: Er stamme aus alamannischem Geschlecht und sei ein Kleriker des Augsburger Bischofs Adalbero. Augsburg wird in dieser Fassung weder als Herkunfts- noch als Geburtsort bezeichnet. Als Schlußfolgerung ergibt sich daraus, daß uns die Quellen letztlich den Geburtsort Ulrichs verschweigen, daß aber doch gewichtige Gründe für Wittislingen, den Stammsitz der Familie, sprechen.

Kindheits- und Jugendjahre

Um das Jahr 900 schickten Hupald und Dietpirch den zehnjährigen Ulrich zur Erziehung und Ausbildung in das damals schon weit berühmte Benediktinerkloster St. Gallen, das wenige Jahrzehnte zuvor gemäß dem noch vorhandenen Bauplan großzügig erweitert worden war. Über die Schulzeit Ulrichs berichten nicht nur Propst Gerhard, sondern auch die beiden sogenannten Wiborada-Viten der St. Gallener Mönche Hartmann, der um die Jahrtausendwende lebte, und Heriman, der seine Schrift um 1075 verfaßte. Eine weitere Vorlage sind die „casus sancti Galli“

des dortigen Schulleiters und Dichters Ekkehard IV., die zwischen 1030 und 1060 niedergeschrieben wurden. Nachdem die lange bezweifelte Glaubwürdigkeit dieser Quellen nachgewiesen worden ist, können sie zur Verdeutlichung des Ulrichsbildes herangezogen werden.
Doch sollte man auch hier die Absicht der Verfasser nicht übersehen, den jugendlichen Ulrich, der inzwischen als Bischof von Augsburg kanonisiert worden war, bereits als heiligmäßig lebenden Klosterschüler und Auserwählten Gottes herauszustellen.
Ulrichs Aufenthalt in St. Gallen erstreckte sich etwa bis 907. Zu seinen Lehrern zählten die Mönche Wanic und Hartmann der Jüngere. Die Mitschüler sollen Ulrich den „kleinen Heiligen" genannt, dieser sich als trefflicher Tischleser im Refektorium hervorgetan haben. Nach Beendigung seiner Studien nahm ihn der Augsburger Bischof Adalbero (887–909), als Staatsmann, Gelehrter und Oberhirte gleich gerühmt, in seinen Dienst und übertrug dem Achtzehnjährigen das Amt des Kämmerers, d. h. die wirtschaftliche Verwaltung der bischöflichen Güter. Adalbero hatte Ulrich wohl im Hinblick auf dessen adelige Abstammung, die gediegene Ausbildung und die Empfehlung des Klosters St. Gallen ausgewählt.
In diese Zeit fiel die bereits erwähnte Romreise Ulrichs im Jahr 908/09 und seine Begegnung mit Papst Marinus. Dieser fragte den jungen Schwaben nicht nur nach dem Geburtsort, sondern teilte ihm auch den Tod Adalberos mit, der am 28. April 909 verschieden und bei St. Afra in Augsburg bestattet worden war. Demnach muß das Gespräch Ulrichs mit dem Papst im Mai 909 stattgefunden haben, falls es nicht überhaupt in den Bereich der Legende zu verweisen ist. Wie Propst Gerhard berichtet, wollte Marinus den Kleriker Ulrich zum neuen Bischof von Augsburg

bestellen. Dieser aber lehnte ab. Daraufhin gab ihm der Papst die prophetische Antwort: „Warum widersetzt du dich dem Auftrag Gottes? Wenn du dich heute weigerst, das unerschütterte und unzerstörte Bistum anzunehmen, und in Ruhe zu regieren, wirst du es zerstört und ausgeplündert in unruhiger Zeit übernehmen und in mühevoller Arbeit regieren und wiederaufbauen."

Noch im Laufe des Jahres 909 trat Bischof Hiltine die Nachfolge Adalberos in Augsburg an. Die historischen Quellen berichten kaum etwas über ihn. Er gehörte wohl keinem hochfreien Geschlecht an und stammte möglicherweise von unfreien Eltern ab. In der Ulrichsvita heißt es: „Hiltine aber war nicht von so hohem Adel, daß Ulrich in seinen Dienst hätte treten mögen." Wie immer auch diese Aussage zeitgeschichtlich zu deuten ist, rein gefühlsmäßig möchte man sie als menschliche Schwäche des jugendlichen Ulrich auslegen, der sich seiner hochadeligen Abstammung sehr wohl bewußt und nicht bereit war, sich einem Vorgesetzten von niedrigerer Herkunft unterzuordnen. Ulrich, dessen Vater Hupald um 908 gestorben war, verließ wohl im Sommer 909 den bischöflichen Hof in Augsburg und widmete sich im folgenden Jahrzehnt der Verwaltung des umfangreichen Witwengutes seiner Mutter Dietpirch in Wittislingen, vielleicht betreute er zugleich die Eigenkirchen der Grafschaft.

In dieser Periode zwischen 909 und 923 ist wohl auch die in den beiden Wiborada-Viten aufgeführte und in der Ulrichsvita beschriebene Begegnung des ehemaligen Klosterschülers mit der Einsiedlerin Wiborada einzuordnen, die von 912 bis 926 in einer Klause in St. Gallen lebte. Wahrscheinlich fand das wiedergegebene Gespräch nach dem Tod des Abtes Salomo III. zwischen 920 und 922 statt. Der Konvent von St. Gallen wollte Ulrich zum Nachfolger des

Verstorbenen wählen. Möglicherweise aus diesem Anlaß hielt sich Ulrich im Kloster auf und fragte die berühmte Inklusin um Rat. Wiborada aber gab ihm zu bedenken: „Wende deinen Sinn anderswohin! Du kannst hier weder Mönch noch Abt werden. Doch sei darob nicht sehr betrübt und fürchte nicht, der Herr habe deinen Eifer, womit du dich im Gottesdienst geübt hast, vergessen. In einer östlichen Gegend mußt du Bischof werden. Während langer Zeit wirst du glücklich leben. Doch wisse, daß du auch große Mühsal und manche Anfeindungen von Heiden und Christen erleiden wirst. Gar viele deiner Gläubigen werden getötet, Ortschaften werden verwüstet werden. Diese Drangsal und Verwirrung wird viele Gegenden bedrohen. Wenn aber dann jener Sturm zur Ruhe gekommen ist, dann wisse, daß du deine dir noch verbleibende Lebenszeit in großer Friedensruhe zubringen kannst."
Diese Begegnung wurde bis in unser Jahrhundert als legendär bezeichnet, da sie gewisse Unstimmigkeiten beinhaltet, z. B. die Nachricht Gerhards, daß Ulrich darnach zu seinen Eltern zurückkehrte. Doch war der Vater bereits 908 gestorben, während Wiborada erst 912 nach St. Gallen gekommen war. Neuerdings aber wird diesem Gespräch größere Glaubwürdigkeit zugeschrieben, nimmt man doch an, daß die Mutter die Bischofsweihe Ulrichs noch miterlebt haben dürfte. Außerdem scheint es durchaus möglich zu sein, daß dieser Bericht auf Ulrich selbst zurückgeht, der bei einem späteren Besuch in St. Gallen vor dem Jahr 958 den damaligen Dekan Ekkehart I. ermahnte, das „Leben und Leiden der heiligen Jungfrau" Wiborada aufzuzeichnen. Demnach hätte Ekkehart noch zu Lebzeiten Ulrichs die erste Fassung niedergeschrieben, die dann von dem Mönch Hartmann, zuvor aber von Propst Gerhard in die Ulrichsvita übernommen wurde.

Wie der Merseburger Nekrolog, der vielleicht noch aus dem 10. Jahrhundert stammt, glaubhaft mitteilt, starb Bischof Hiltine am 8. November 923. Innerhalb weniger Wochen erfolgte die Berufung Ulrichs zum neuen Oberhirten des Bistums Augsburg. Der Domklerus schlug auf Bitten und Drängen des Schwabenherzogs Burchard I., einem Vetter Dietpirchs, und anderer Verwandter dem König Heinrich I. den 33jährigen Adeligen für das Bischofsamt vor. Der König, dem nach damaliger Auffassung die Bischofserhebung als herrscherliches Recht zustand, mag in einer persönlichen Begegnung von Ulrich so beeindruckt gewesen sein, daß er diesem Ansuchen ohne weiteres willfahrte. So nahm Herzog Burchard in königlichem Auftrag durch die Übergabe des Bischofsstabes die Einweisung Ulrichs in das Bistum Augsburg vor. Am Fest der Unschuldigen Kinder (28. 12.) 923 empfing Ulrich, schon früher zum Priester geweiht, die bischöfliche Konsekration. Den Weiheort kennen wir nicht. Wahrscheinlich aber wurde er in Mainz durch den Metropoliten Erzbischof Heriger (913–927) ordiniert.

Der Bischof

Die Bischofsstadt

Augsburg selbst bildete damals eine kleine, bescheidene Ansiedlung, viel geringer in ihrer Ausdehnung als das ehemalige römische Munizipium. Sie umfaßte etwa 19 ha, erstreckte sich in Nord-Süd-Richtung wohl vom Frauentor bis zum Schmiedberg, in Ost-West-Richtung vom Mauerberg bis Heilig Kreuz und beschränkte sich ungefähr auf das Gebiet der späteren Bischofsstadt rund um den von Simpert errichteten Dom. Als Ulrich 923 sein Amt antrat, herrschten beim Domklerus und den bischöflichen Eigenleuten große Not. Der Dom war durch die vorangegangenen wiederholten Ungarnangriffe teilweise zerstört, die Häuser niedergebrannt worden. Nur wenig Schutz boten die schadhaften Wälle und Holzzäune, die der Bischof jedoch sehr bald ausbessern und verstärken ließ.

Südlich beim zweiten Meilenstein an der Via Claudia lag als Gegenpol zum Mariendom St. Afra, wohl von Bischof Simpert erbaut und schon im 6. Jahrhundert als Grabstätte der ersten bekannten Blutzeugin Augsburgs genannt. Hier befanden sich die Bischofsgräber des 9. und 10. Jahrhunderts, betreut von einer Priestergemeinschaft, die in der Ulrichsvita dem Domklerus nahezu gleichrangig gegenübergestellt wird und dem Bischof direkt unterstand.

Nur wenig ist über die Domgeistlichkeit dieser Periode überliefert. Die Kanoniker lebten nach der Regel des Bischofs Chrodegang von Metz († 766) in einer Vita communis unter Verzicht auf privates Vermögen. Ihr Vorstand war der Archidiakon. Erstmals als Dompropst wird in der 2. Hälfte des 10. Jahrhunderts Gerhard, der als Verfasser der Ulrichsvita gilt, bezeichnet. Ferner gab es bereits den Domscholaster, der die Domschule leitete und den Domkustos, dem die Verwaltung des Kirchenvermögens oblag.

Das Bistum und seine Klöster

Das Bistum Augsburg, das Ulrich 923 übernahm, unterschied sich in den Grenzen kaum von dem spätmittelalterlichen Reichsbistum, wie es bis zur Säkularisation bestand. Im Westen bildete die Iller von Kempten bis Ulm die Trennungslinie zum Bistum Konstanz, nordwestlich davon erstreckte sich das augsburgische Gebiet bis Schorndorf und wurde im Norden und Osten seit der bonifatianischen Kirchenreform im 8. Jahrhundert von den Bistümern Eichstätt, Regensburg und Freising begrenzt, durch die Zusammenlegung von Augsburg und Neuburg/Staffelsee unter Bischof Simpert um das Jahr 800 jedoch über den Lech ausgeweitet. Im Süden erstreckte sich die Diözesangrenze bis in das Lechtal hinein.
In diesem verhältnismäßig noch schwach besiedelten Gebiet bestanden bereits die sogenannten Ur- und Mutterpfarreien mit einem meist ausgedehnten Seelsorgebezirk. Diese waren u. a. bei den fränkischen Reichshöfen, den Wohnsitzen von Adelsherrschaften oder in größeren Niederlassungen entstanden. Die Bevölkerungszunahme und die Errichtung neuer Siedlungsorte führten zur Teilung der weitläufigen Urpfarreien. Doch blieben Urpfarrei und Tochterpfarreien noch längere Zeit dadurch in Verbindung, daß der Archipresbyter der Mutterpfarrei ein Aufsichtsrecht über die Geistlichen der abgetrennten Sprengel besaß. Diese Organisationsform wurde durch die Dekanatseinteilung abgelöst, die zur Zeit des Bischofs Ulrich

bereits bestand, ohne daß wir jedoch genauere Angaben machen können.
Geistliche Zentren innerhalb des Bistums bildeten die Klöster, die zum Teil bis ins 8. Jahrhundert zurückreichten und als Missionszellen galten. Dazu gehörten u. a. Benediktbeuern, Polling, Wessobrunn, Thierhaupten, die königlichen Abteien Kempten und Ottobeuren und die bischöflich-augsburgischen Eigenklöster St. Michael im Staffelsee, Habach, Füssen, Feuchtwangen und Wiesensteig. In ihrem Umfeld waren Kirchen, später Pfarreien entstanden, oftmals betreut von den Benediktinern der jeweiligen Abtei. Doch war es um die Seelsorge im beginnenden 10. Jahrhundert schlecht bestellt. Die Ungarn verwüsteten wiederholt die Klöster, brannten die Dörfer nieder, töteten die Bevölkerung auf dem flachen Land und richteten 913 und 917 am Augsburger Dom großen Schaden an, ohne jedoch die Stadt einnehmen zu können.
Als Ulrich Ende 923 das Bischofsamt übernahm, trat er ein schweres Erbe an. Auf mannigfache Weise versuchte er, wie Propst Gerhard ausführlich berichtet, die mit der Notzeit verbundene religiöse und auch wirtschaftliche Krise zu überwinden. Treibende Kraft für all sein Tun war eine tiefgeistige und geistliche Einstellung. In St. Gallen in benediktinischer Spiritualität erzogen, blieb dieses monastische Leitbild für sein ganzes Leben richtungsweisend. Wie ein Mönch trug er ein rauhes Hemd und bekleidete sich im hohen Alter nur noch mit dem Mönchsgewand, schlief auf einem Strohlager, enthielt sich oft freiwillig des Fleischgenusses, pflegte die klösterliche Gastfreundschaft, verrichtete gewissenhaft das Stundengebet und legte größten Wert auf eine würdige Gestaltung der Liturgie. Diese monastische Geisteshaltung befähigte ihn zu einer Aktivität, die schon seine Zeitgenossen und auch spätere Generationen

immer von neuem bewunderten: „Leeren Müßiggang gestattete er sich keinen Augenblick lang.“

Der Liturge

Einzelheiten, die Propst Gerhard zusammengetragen und überliefert hat, bieten einen Einblick in das Frömmigkeitsleben der damaligen Zeit und des Bischofs Ulrich. So verrichtete er, wann immer er konnte, das Chorgebet zusammen mit dem Domklerus. Zusätzlich betete er weitere Offizien zu Ehren der Gottesmutter und aller Heiligen. Auf seinen weiten Reisen durch das Bistum benützte er häufig einen Ochsenkarren, nicht etwa deshalb, weil er ein schlechter Reiter gewesen wäre, sondern um mit seinem Kaplan gemeinsam beten zu können. Täglich feierte er bis ins hohe Alter zwei oder drei heilige Messen. Diesen damals vielfach geübten Brauch hatte er wohl in St. Gallen kennengelernt. Besonders streng beobachtete der Bischof die Fastenzeit. Nach der morgendlichen Laudes, der Vigil für die Verstorbenen und der Prim nahm er an der ersten Eucharistiefeier teil. Im Anschluß an die Terz und Sext zelebrierte er selbst die Messe, die mit der Vesper endete. Erst dann setzte er sich zu Tisch.

Mit großer Feierlichkeit beging Ulrich die Kar- und Osterliturgie, die mit dem Palmsonntag, der auch „Tag des Sündennachlasses“ hieß, begann. Der Bischof begab sich in der Frühe nach St. Afra und zog von dort in feierlicher Prozession mit Kreuz und Fahnen und „dem Bild des auf einem Esel sitzenden Herrn“ bis zum Perlach, wobei er das Evangelienbuch trug. Am Perlach vom Domklerus und vielen Gläubigen empfangen, hielt der Bischof eine Ansprache. Anschließend gingen alle gemeinsam zum Dom, um dort

die Messe zu feiern. Dieser Ritus reicht zwar schon in das frühe 8. Jahrhundert zurück, wurde aber für Augsburg erstmals vom Propst Gerhard bezeugt. Gleiches gilt für die Gründonnerstagsliturgie. Der Gottesdienst begann gegen 8.30 Uhr. Ulrich predigte nach dem Evangelium und weihte vor dem Pater noster die heiligen Öle, die in feierlichem Zug zum Altar getragen wurden. An die gemeinsame Kommunion schloß sich die Vesper an. Nun begab sich Ulrich in das von ihm errichtete Spital und wusch zwölf Armen die Füße, wie er es schon in der Fastenzeit täglich getan hatte. Dann erst setzte er sich zu Tisch und „begann nach dem Vorbild des Herrn seinen Jüngern (gemeint sind wohl die Domkleriker) die Füße zu waschen". Diese Zeremonie wurde von Gesängen, Gebeten und Lesungen begleitet. Am Karfreitag übertrug Ulrich nach dem Gottesdienst mit Kommunionspendung die restlichen Hostien in die Ambrosiuskapelle, wo er sie in ein „Grab" legte und mit einem Stein verschloß. Diese bei Propst Gerhard erwähnte Ambrosiuskirche, deren Patrozinium auf die frühen Verbindungen Augsburgs mit Mailand hinweist, konnte bisher weder aus anderen Quellen belegt noch lokalisiert werden. Doch wäre ihre Lage südlich des westlichen Domchores denkbar. Die Karsamstagsliturgie begann verhältnismäßig spät. Die Geistlichkeit versammelte sich am frühen Nachmittag zur Weihe des Wachses und des Taufwassers ursprünglich wohl im Dom, später in der Johanneskirche. Dort taufte der Bischof drei Knaben. Die Meßfeier mit gemeinsamer Kommunion und die Vesper schlossen sich an. Ein großes Mahl im Domkloster am heutigen Kreuzgangwestflügel, wo der Bischof und die Kanoniker wohnten, beendeten den Tag.
Am Osterfest las Ulrich nach der Prim in der Ambrosiuskapelle die erste Messe. Anschließend trug er den Leib Chri-

sti, begleitet von den Domklerikern zur Johanneskirche. Dort beteten sie gemeinsam die Terz, der in der Kathedrale das österliche Festamt folgte. Zum Essen versammelte der Bischof geladene Gäste, die Kleriker von St. Afra und die Domkanoniker, wobei geweihtes Lammfleisch und Schinken verzehrt, Singspiele aufgeführt und der Minnewein ausgeschenkt wurden.
Am Ostermontag aber hielt Ulrich den Gottesdienst gewöhnlich in St. Afra und spendete dort „dem Volk, das in großen Scharen zusammenströmte", das Sakrament der Firmung.

Des Bischofs Sorge um den Klerus und die Pfarreien

Ulrichs Sorge galt stets einer feierlichen und würdigen Gestaltung der Liturgie, noch mehr aber den ihm anvertrauten Menschen, den Geistlichen und Laien. Mag auch Propst Gerhard gelegentlich das Bild seines Oberhirten idealisiert überzeichnet haben, so weisen die angeführten Fakten doch auf ein großes Verantwortungsbewußtsein hin, das Ulrich seinem Klerus gegenüber besessen hat.
Erstmals wird in seiner Amtszeit die Domschule erwähnt. Zwar kennen wir keine Einzelheiten, und auch kein Domscholaster jener Periode ist namentlich bekannt. Dennoch wissen wir, daß diese Anstalt in Augsburg wie in anderen Bistümern der Heranbildung des späteren höheren Klerus galt. Die Schüler wohnten gemeinsam in der „Scola", die sich in Augsburg wahrscheinlich über dem nördlichen Kreuzgangflügel befand.
Besser unterrichtet sind wir durch die Ulrichsvita über das

Verhältnis des Bischofs zu seinem Diözesanklerus in den weit verstreuten Pfarreien. In jedem vierten Jahr besuchte Ulrich die Seelsorgesprengel seines Bistums, „um nach dem Rechten zu sehen, zu predigen und zu firmen". Möglicherweise weilte er auch aus diesem Anlaß zu einem unbekannten Zeitpunkt in Wehringen, wo seinem Begleiter Rambert der verstorbene Bischof Adalbero in einer Vision erschienen sein soll. Regelmäßig hielt Ulrich in den Urpfarreien das Sendgericht, das den Bischöfen durch das mittelalterliche Kirchenrecht vorgeschrieben war. Dabei wurde er unter Glockengeläut empfangen. Nach der Zelebration der Messe befragte er die Anwesenden, was in den Pfarreien zu verbessern sei, oder ob Verstöße gegen den Glauben vorlägen. Überließ er die Routinebefragung oft seinen geistlichen Begleitern, um Zeit für die Firmspendung zu gewinnen, so behandelte er schwierige Problemfälle selbst und drängte auf eine für alle Beteiligten befriedigende Lösung.
Mit den Geistlichen der einzelnen Bezirke traf sich Ulrich regelmäßig im sogenannten Kapitel, das von den Archipresbytern oder Erzpriestern einberufen wurde. Sinn dieser Konferenzen war die spirituelle Formung des Klerus und eine bessere seelsorgerliche Betreuung der Gläubigen. Ulrich erkundigte sich eingehend, ob täglich die Messe gefeiert, regelmäßig gepredigt, die Sakramente der Taufe und Krankensalbung gespendet und die Toten würdig bestattet wurden. Hart prangerte er die Mißstände in der Lebensführung der Geistlichen an: die Jagdleidenschaft, öffentliche Gelage in den Wirtshäusern, den Konkubinat, Händel und Streitigkeiten und die Vernachlässigung der Seelsorge. Mit Lob und Tadel versuchte er so, einen verantwortungsbewußten Klerus heranzubilden.
Außerdem berief Ulrich nach damaliger Vorschrift jährlich zwei Synoden nach Augsburg ein, die eine in der vierten

Osterwoche, deren Termin er später auf den Karmontag bis -mittwoch vorverlegte, um mit den Geistlichen am Gründonnerstag die Ölweihmesse feiern zu können, die andere aber am 15. Oktober. An diesen Kirchenversammlungen nahmen außer dem höheren Klerus auch Laien, vor allem bischöfliche Beamte und Ministerialen teil.

Eine geordnete Seelsorge ließ sich zwar durch Synodalbeschlüsse dekretieren, Voraussetzung für die Verwirklichung aber waren nicht zuletzt die notwendigen Kirchen im Raum des Bistums. Gab es damals nur verhältnismäßig wenige Gotteshäuser, so verringerte sich deren Zahl noch beträchtlich durch die dauernden Ungarneinfälle in den ersten Jahrzehnten des 10. Jahrhunderts. Deshalb begrüßte Ulrich die Errichtung von Eigenkirchen durch Grundherren, verlangte aber zugleich eine hinreichende Ausstattung mit Einkünften, um dem Pfarrer den Lebensunterhalt zu sichern. Er selbst ging mit gutem Beispiel voran. So ließ er in Kempten durch Propst Irminhart im Obstgarten des Klosters eine Kirche zu Ehren des Heiligen Kreuzes, der Heiligen Erasmus und Nikolaus erbauen und mit Gütern versehen. Dieses Gotteshaus weihte er persönlich am 9. Mai wohl des Jahres 952 in Anwesenheit von einer Anzahl Geistlicher und einer Menge Volks ein. Desgleichen wird berichtet, daß einmal im „pagus Albegove“, d. h. im Allgäu, Bauern eines abgelegenen Tales zu Ulrich kamen und ihn baten, ein schon von den Vorfahren aus Steinen und Holz errichtetes Kirchlein einzuweihen. Obwohl die Siedlung in einer unwegsamen Gegend lag, kam der Bischof sofort der Bitte nach und erteilte der Kapelle zur großen Freude der Gläubigen die kirchliche Segnung. Eine ihm angebotene Entschädigung wies er ab: Er wollte nur die Ehre Gottes fördern und die Not der Bewohner beheben.

In Benediktbeuern, das durch die Ungarn zerstört worden war, errichtete er bald nach der Lechfeldschlacht von 955 ein bischöfliches Kanonikerstift, das 1032 wieder in ein Benediktinerkloster umgewandelt wurde, und konsekrierte drei Kapellen zu Ehren der Heiligen Laurentius, Stephanus und Sixtus, die in der Nähe des Stifts erbaut worden waren.
Auch in Augsburg war es um die Kirchen schlecht bestellt. Gleich zu Beginn seiner Amtszeit mußte Ulrich den Dom herrichten lassen, der unter seinem Vorgänger Hiltine durch die Ungarn großen Schaden erlitten hatte. Anschaulich berichtet Gerhard über den verheerenden Zustand der Kathedrale und deren Wiederaufbau. Die Mauern waren stark beschädigt, die anderen Gebäude der Bischofsstadt lagen fast ganz in Schutt und Asche. Ulrich aber trieb den Aufbau voran, obwohl es an Baugerät und Material fehlte. Nur notdürftig vermochte man die Schäden zu beseitigen. Der Bischof selbst beklagte die unansehnliche Krypta und die kleinen Fenster. Erst als infolge leichtfertiger Bauarbeit der gesamte Dom einstürzte, wurde er von dem Fundament her neu und größer errichtet und mit einer reicheren Innenausstattung versehen.
Ebenfalls hatte St. Afra vor den Toren der Stadt unter dem Ungarnsturm von 955 gelitten. Die Kirche war niedergebrannt, das Grab der Patronin verschüttet worden. Jahre vergingen, bis die nur mit einem schindelgedeckten Notdach versehene Ruine wieder hergestellt werden konnte. Dann aber ließ Ulrich das Bauwerk um eine Elle erhöhen, das Dach mit Ziegeln abdecken, im Kirchenschiff eine getäferte Decke einziehen und die Innenausstattung, die man beim Anmarsch der Feinde im Dom gelagert hatte, wieder zurückbringen. Außerdem ordnete er an, im Westen eine Krypta auszubauen und an der Südseite von St. Afra einen Grabbau anzulegen, der durch einen Mauer-

durchbruch mit der Kirche verbunden und eingewölbt wurde. Hier wollte Ulrich einmal begraben sein.
Wohl um 960 ließ er auf dem Friedhof südlich des Domes eine neue Kirche in Kreuzesform errichten, mit fünf Altären ausstatten und einen Taufstein aufstellen. Er konsekrierte das Gotteshaus zu Ehren Johannes des Täufers und übertrug es einem Priester zur Besorgung der Gemeindegottesdienste. Gleiches geschah übrigens in einer Reihe von Bischofsstädten. Diese Tauf- und Pfarrkirche des Domsprengels bestand bis zum Abbruch im Jahre 1809. Ulrich hat hier oftmals zelebriert.
Erfahren im Bauwesen, konnte der Bischof noch kurz vor seinem Tod seinen Neffen Riwin und Hupald in Wittislingen gute Ratschläge für eine Erweiterung des Gotteshauses geben, bei dem seine Eltern bestattet waren.

Im Kreis der Reichsbischöfe

Diese Aufzählung der Kirchenbauten und Kirchenkonsekrationen im Bistumsgebiet ist sicher sehr lückenhaft. Gleiches kann man auch über bischöfliche Funktionen Ulrichs außerhalb seines Sprengels sagen. Gewiß war ihre Zahl bedeutend größer, als die zufällig erhalten gebliebenen Quellen mehr oder weniger glaubwürdig berichten. Dennoch geben sie eine Vorstellung von den Aktivitäten des fast 80jährigen Bischofs, datieren doch sechs von acht gemeldeten Amtshandlungen zwischen den Jahren 968 und 970. Bereits für November 934 wird vermerkt, daß Ulrich am 21. November Bischof Noting von Konstanz bestattete und eine nicht unwichtige Rolle bei der Wahl des Nachfolgers Konrad spielte, der ebenfalls die Klosterschule in St. Gallen besucht hatte. Ulrich und Konrad blieben zeitlebens freundschaftlich miteinander verbunden. Enge Beziehungen bestanden auch zwischen Ulrich und dem Eichstätter Bischof Starchand (933–966), den der Augsburger Oberhirte wohl öfters besuchte und dem er im Februar 966 das feierliche Leichenbegängnis hielt. Ebenfalls mit Abt Werinhar von Fulda pflegte Ulrich herzlichen Kontakt. Auf dessen Bitte weihte er nach 968 die königliche Kapelle in Fulda zu Ehren Christi und Johannes des Täufers.

Die nachfolgenden Nachrichten über Bischofskonsekrationen entstammen dem „Catalog der Straßburger Bischöfe", der Bischof Erchenbald zugeschrieben wird. Zusammen mit diesem weihte Ulrich möglicherweise Anfang 968 Hiltibald, Bischof von Chur, im Sommer gleichen Jahres den Metropoliten, Erzbischof Hatto II. von Mainz, der zuvor die Abtei Fulda geleitet hatte, und kurz vor Weihnachten Bischof Hildeward von Halberstadt, der bis 995 amtierte und die Ulrichsverehrung im dortigen Bistum begründete. 970 weihte der bereits 80jährige Augsburger Oberhirte wiederum mit Erchenbald von Straßburg im Januar den Nachfolger des nach kurzer Regierung verstorbenen Erzbischofs Hatto II. von Mainz, Rupert, und im April den neuen Bischof von Speyer, Balderich, ehemaliger Schüler von St. Gallen und auch als Oberhirte ein bleibender Freund und Gönner der Benediktiner.

Ein Freund der Klöster

Wie Balderich fühlte sich auch Ulrich zeit seines Lebens innerlich der monastischen Geisteshaltung verbunden. Mehrfach besuchte er als Kleriker und Bischof St. Gallen, wo er fast ein Jahrzehnt seiner Jugendzeit verbracht hatte, und wo man sich gern an den guten Schüler erinnerte.

Davon berichten der Mönch Ekkehard und Propst Gerhard in ihren Aufzeichnungen. Doch genauer datierbar sind nur die Begegnung Ulrichs mit der Einsiedlerin Wiborada um das Jahre 920 und eine weitere mit Abt Crasloh, der aus dem Kloster geflohen war und den Ulrich gegen Ende 954 in königlichem Auftrag nach St. Gallen zurückbegleitete. Ausführlich berichtet die Klostertradition über diesen bischöflichen Besuch: Der Sitte gemäß reichte der Vertreter des Konvents dem hohen Gast beim Empfang die Bibel zum Kuß, verweigerte aber diese Ehrenbezeugung dem anwesenden Abt. Als Ulrich den betreffenden Mönch dazu zwingen wollte, warf dieser die Bibel auf den Boden. Der Bischof hob sie auf, übergab sie Crasloh und überredete die Mönche zur Wiederanerkennung ihres Klosteroberen. Nach 940 besuchte Ulrich St. Moritz im Kanton Wallis, um Reliquien des heiligen Mauritius und seiner Gefährten zu erwerben. Seine Rückreise von St. Moritz nach Augsburg unterbrach der Bischof in der Benediktinerabtei Reichenau, wo ihn der Reformabt Alewich I. (934–958) freundschaftlich empfing. Enge Kontakte besaß Ulrich zu Einsiedeln, das der Straßburger Domherr Eberhard durch Zusammenschluß verschiedener Eremitagen 934 als Benediktinerkloster errichtet hatte. Mehrfach kam er in die aufblühende Abtei, der König Otto I. bereits 947 freie Abtwahl und Reichsunmittelbarkeit gewährt hatte. Der Augsburger Bischof schenkte dem Konvent Reliquien des heiligen Mauritius und der Heiligen Afra und Digna. Freundschaftliche Bande hatte er zu Abt Eberhard geknüpft, den er noch kurz vor dessen Tod um 958 besuchte. Eine besonders enge Verbindung besaß er zu dem Mönch Wolfgang, den er in Einsiedeln zum Priester weihte und den Kaiser Otto I. 972 – wahrscheinlich auf die Fürsprache Ulrichs – zum Bischof von Regensburg bestellte.

Im Gegensatz zu St. Gallen und Einsiedeln, die schon frühzeitig als reichsunmittelbar galten, anerkannten die Augsburger Bistumsklöster Feuchtwangen, Füssen, Habach, das zu Konstanz gehörende Wiesensteig und St. Michael im Staffelsee Ulrich als ihren geistlichen und weltlichen Oberherrn. Inwieweit allerdings die letztgenannte Abtei um die Mitte des 10. Jahrhunderts noch bestand, ist ungeklärt. Doch vermerkt Gerhard ausdrücklich einen Besuch Ulrichs für das Jahr 973 auf der Insel Wörth/Staffelsee. Diesen bischöflichen Eigenklöstern widmete er seine Obsorge vor allem nach den verheerenden Kriegszügen der Ungarn. Regelmäßig suchte er sie, wenn es die Umstände zuließen, in den Wochen nach Ostern auf, um sie zu visitieren. Dabei ging es ihm gleichermaßen um das geistige und wirtschaftliche Wachstum und Gedeihen dieser Konvente. Er kümmerte sich um die Beobachtung der Benediktusregel, zugleich um den Zustand der Gebäude, nicht zuletzt um das Recht der Eigenleute, das er gesichert wissen wollte. Wenn Ulrich die bischöflichen Rechte so stark betonte, so tat er es nicht aus Machtgier, vielmehr wollte er verhindern, daß diese geistlichen Zentren in falsche Hände gerieten. Deshalb zeigte er sich nicht bereit, die genannten Klöster, wenn auch nur als Lehen, an Laien zu übertragen. Nur im Notfall gestattete er, für entlegene Güter dieser Konvente einen weltlichen Schutzvogt zu bestellen. Damals war es nämlich im fränkischen Reich vielfach üblich, sogenannte Kommendatar-Äbte einzusetzen, d. h. die Verwaltung und Nutznießung klösterlicher Pfründen und Einkünfte an Weltkleriker und Laien zu übertragen. Das aber führte oft zu schweren Mißständen und zur Vernachlässigung der Ordensdisziplin.

Um diesem Mißstand Einhalt zu gebieten, übernahm Ulrich selbst vorübergehend die Leitung einzelner Konvente, so in den königlichen Abteien Kempten und Ottobeuren. Zu Kempten gewann der Bischof ein besonders vertrautes Verhältnis, das sich eigentlich aus einem Zufall ergeben hatte. Auf der Rückreise von einem Besuch in St. Gallen, der sich nicht datieren läßt, machte Ulrich Zwischenstation in Kempten und erkrankte dort plötzlich. Er vermochte nicht mehr ohne fremde Hilfe zu gehen und zu essen. Deshalb ließ er durch einen Boten das von ihm am letzten Gründonnerstag geweihte Öl holen, und ein Mönch erteilte ihm die Krankensalbung. Bald trat eine Besserung ein. Schon am Nachmittag dieses Tages – es war der Pfingstsamstag – nahm Ulrich wieder an der Konventsvesper in der Kirche teil, und wenige Tage später trat er gesund die Heimreise nach Augsburg an. Bei seinem unfreiwilligen Aufenthalt hatte er wohl die Sorgen und Nöte der Benediktiner in Kempten kennengelernt, deren Kloster wiederholt durch die Ungarn geplündert und verwüstet worden war. Möglicherweise auf seine Bitten hin, übertrug ihm um das Jahr 950 – der Zeitpunkt läßt sich nicht genau bestimmen – König Otto I. die Abtei. Sogleich bestellte er den Mönch Liuterich zum Dekan und dessen Mitbruder Irminhart zum Verwalter. Die ihm als Abt zustehenden Getreidereichnisse überwies er an den Mönch, der das 952 von Ulrich geweihte Kirchlein im klösterlichen Obstgarten versorgte. 963 bestätigte dann Otto I. auf Bitten Ulrichs und durch Vermittlung der Kaiserin Adelheid dem Konvent die freie Abtwahl.

Zwanzig Jahre später übernahm Ulrich als Kommendatar-Abt noch für kurze Zeit die Leitung der Abtei Ottobeuren. Diese hatte Kaiser Otto I. zu einem unbekannten Zeitpunkt dem Neffen Ulrichs, Adalbero, übertragen. Nach dessen plötzlichem Tod im Frühjahr 973 bat Ulrich den kaiserlichen Freund, ihn selbst damit zu belehnen. Diese etwas unverständliche Handlungsweise erläutert Propst Gerhard in der Vita: Ulrich tat es nicht „aus Habsucht, sondern vielmehr in der Absicht, den Mönchen, die dort Gott dienten, das Privileg, das er ihnen zuvor vom Kaiser unter Brief und Siegel erwirkt hatte, wiederherstellen zu können". Nachdem Ulrich die kaiserliche Bestätigung im Staffelseekloster erhalten hatte, besuchte er wohl Ende Mai 973 seinen Neffen Manegold in Obersulmetingen und reiste von dort nach Amendingen, wohin er die Mönche von Ottobeuren zu einer Aussprache gebeten hatte. Er forderte sie auf, aus ihrer Mitte einen geeigneten Abt zu wählen, dem er dann ruhigen Gewissens die Leitung übertragen könne. Doch die Mönche baten den Bischof um einen Vorschlag. Dieser benannte den Konventualen Roudung, der dann einstimmig zum neuen Vorsteher gewählt wurde. Ulrich übertrug Roudung sogleich die abteilichen Rechte und bemühte sich noch bei Kaiser Otto II. um die endgültige Belehnung. Der Gewählte übte sein Amt bis zum Jahr 1000 aus.

Unlösbar ist der Name Ulrich mit der Gründung des ehemaligen Kanonissenstifts St. Stephan vor den Toren der alten Bischofsstadt Augsburg verbunden. Darüber gibt die älteste noch im Original erhaltene Bischofsurkunde, niedergeschrieben im Jahr 969, Auskunft. Demnach wurde am 23. April 968 bei dem Kirchlein St. Stephan ein „monasterium puellarum" errichtet, das aus einer bereits bestehenden „cella" bei St. Gallus hervorgegangen ist. Hier lebte die begüterte Frau Ellensind in frommer Zurückgezogenheit. Sie brachte ihr Eigengut zusammen mit den Vermächtnissen des verstorbenen Archidiakons Amalrich und dessen Neffen, Diakon Walther, in die neue Stiftung ein. Darüberhinaus schenkte Ulrich zur Sicherung des Lebensunterhalts verschiedene Lehen und Güter aus dem Besitz der Domkirche, die innerhalb Augsburgs oder in der Umgebung lagen. Auch übertrug er die Leitung des Stifts Ellensind und gestattete nach deren Tod die freie Wahl der künftigen Äbtissinnen. Weitere Einzelheiten über die Frühgeschichte von St. Stephan aber sind unbekannt.

Vater der Armen und Waisen

Die auf verschiedenen Konzilien und Synoden der christlichen Frühzeit immer wieder verkündete Mahnung, der Bischof ist der Vater der Armen, nahm Ulrich für sich persönlich sehr ernst. In schwerer Zeit hatte er das Bistum übernommen, viel Armut und Not herrschten in dem von den Ungarn verwüsteten Land. Ulrich ging an den Notleidenden nicht gedankenlos vorüber, sondern er kümmerte sich um sie, wo immer er sie auch traf. Zahlreiche Beispiele berichtet sein Biograph Gerhard: Immer wieder ermahnte der Bischof bei den Visitationen die Gläubigen, „Hungernde und Dürstige mit Speise und Trank zu laben, Nackte zu bekleiden, Kranke und Sieche zu besuchen, Armen und Obdachlosen Unterkunft und alles, wessen sie bedürfen, um der Liebe Christi willen zu geben“ und den Witwen und Waisen beizustehen. Dasselbe forderte er von seinen Geistlichen. Sie sollten den Zehnten und die empfangenen Spenden für die Speisung der Armen und Gebrechlichen verwenden und die Alleinstehenden unterstützen. Selbst aber bemühte sich Ulrich, dem Bistumsvolk ein gutes Beispiel zu geben. So ließ er bei den täglichen Mahlzeiten durch einen eigens beauftragten Kleriker den „ersten Gang an Brot und anderen Speisen“ fast ganz an die wartenden Armen verteilen. „Die Krüppel und Siechen aber“, die nicht laufen oder sich nur mit Krücken fortbewegen konnten, „empfingen ihre tägliche Nahrung von den besten Speisen und Getränken in seiner Gegenwart“. Unterwegs bei den Visitationen nahm Ulrich gewöhnlich das Nachtmahl erst ein, wenn die vielen herbeigeströmten Armen ein Almosen erhalten hatten. Die Gebrechlichen jedoch ließ er von seinem Tisch bewirten und sorgte auch für deren Unterkunft.

Seine besondere Sorge aber galt dem Spital in Augsburg. Sein Ursprung geht wohl auf die Stiftung eines Gutes in Margertshausen zurück, die ein gewisser Walger in der ersten Hälfte des 10. Jahrhunderts für zwölf Arme gemacht hatte. Ulrich überließ diesen Armen den Zehnten von verschiedenen Äckern in der Stadt und Umgebung und ein Hospitalgebäude, das „unterhalb der Stadtmauer“ lag. Es kann wahrscheinlich zwischen dem Perlachberg und der ehemaligen Leonhardskapelle in der Karolinenstraße lokalisiert werden. Die Verlegung nach Heilig Kreuz erfolgte um 1150. In der Fastenzeit begab sich der Bischof täglich in das Hospital, um den Insassen die Füße zu waschen und sie mit einem Geldstück zu beschenken. Gleiches tat er am Gründonnerstag nach der Ölweihmesse. Außerdem ließ er durch seinen Kämmerer die zwölf neu einkleiden. Alle übrigen Bedürftigen aber erhielten Geldstücke. „An diesem Tag ließ er keinen leer ausgehen, obwohl jedesmal eine große Menge Armer zugegen war“.

Diesen Armen vermachte Ulrich, als er sein Ende nahen fühlte, auch einen Großteil seiner Habe. Propst Gerhard beauftragte er, zehn Silberschillinge an die Armen zu verteilen. Zwei Klausner in Ottobeuren und Kempten, die er kennen- und schätzengelernt hatte, bedachte er mit Kleidungsstücken, und vom Ertrag der bischöflichen Güter sollte ein Drittel den Notleidenden geschenkt werden. Der Bischof, der zu Lebzeiten umfangreiche Güter zu verwalten hatte, wollte arm sterben. Hier zeigte sich wieder seine durch die Regel des heiligen Benedikt geprägte Grundhaltung. Geld und Besitz dienten ihm nicht zur persönlichen Bereicherung, sondern zum Dienst am Nächsten. So hebt der Biograph auch die von Ulrich stets gepflegte Gastfreundschaft hervor. Ihm galt als Leitbild das Wort Christi: „Ich war fremd, und ihr habt mich aufgenommen." Gleichermaßen empfing er Fürsten, Mönche, Kleriker und Klosterfrauen. Er ließ sie reichlich bewirten, erlaubte ihnen, bei ihm zu bleiben, solange sie wollten. Alle zogen dann reich beglückt von dannen. Die Sorge für die Armen und Notleidenden, aber auch die von ihm geübte Gastfreundschaft kann man nicht als spezifische Charakterzüge Ulrichs bezeichnen, wenngleich er diese Aufgaben äußerst ernst nahm. Armenfürsorge und Gastfreundschaft erwuchsen letztlich aus dem biblischen Gebot der Nächstenliebe, das gerade auch in dieser Periode von der Kirche nicht nur gepredigt, sondern tatsächlich in weitem Umfang praktiziert wurde.

Auf der Suche nach Reliquien

Auch ein anderer Wesenszug Ulrichs ist auf dem Hintergrund der damaligen Zeit zu sehen, seine Vorliebe für Reliquien, über die Propst Gerhard mehrfach berichtet. Diese kann man nicht als exemplarisches Beispiel einer besonderen Frömmigkeitshaltung des Augsburger Bischofs anführen. Er war nur einer von vielen Geistlichen und Laien, die Reliquien hochschätzten und sie auf alle mögliche Weise zu erwerben suchten. Dieser Kult ist begründet in der Heiligenverehrung, in dem Glauben, daß die Heiligen bei Christus weilen und auch Fürsprache für den ein-

legen, der sie anruft. Ihre sterblichen Überreste aber halten das Andenken an sie wach und gelten als sichtbares Bindeglied zwischen der streitenden Kirche auf Erden und der triumphierenden im Himmel.
Erwähnt wurde bereits die Reise Ulrichs um 940 nach St. Moritz in der Schweiz, wo Mauritius und die Soldaten der Thebaischen Legion vor dem Jahr 300 den Märtyrertod erlitten hatten. Der Bischof wollte einen der heiligen Leiber als Geschenk für Augsburg erbitten. Er fand das Chorherrenstift verödet und niedergebrannt vor, hatten doch die Sarazenen 940 Saint Maurice d'Agaune besetzt. Als der Bischof am Sonntagmorgen die Messe feierte, kamen zwölf Priester und zahlreiche Gläubige herbei, die ihn herzlich begrüßten und ihm einen Teil der in einer Höhle versteckten Gebeine der thebaischen Blutzeugen zum Geschenk machten. Einzelstücke davon überließ er dem Kloster Einsiedeln. Er selbst erhielt aber noch weitere Reliquien des heiligen Mauritius und seiner Soldaten im Kloster Reichenau. In Augsburg ließ Ulrich durch einen Boten die Ankunft der heiligen Gebeine ankündigen. Geistliche und Gläubige zogen in feierlicher Prozession dem Bischof und seiner wertvollen Fracht entgegen. Man brachte die Reliquien in den Dom, wo sie in einem kostbaren Schrein verwahrt und ausgestellt wurden.
Möglicherweise bildete der Wunsch nach römischen Reliquien auch das Hauptmotiv für die zweite Romreise Ulrichs, die zwischen 932 und 954, wahrscheinlich aber um 945 anzusetzen ist. Der Bischof besuchte die Apostelgräber und wurde von dem allgewaltigen Patricius Alberich empfangen; von einer Audienz beim Papst ist allerdings keine Rede. Ausführlich berichtet Gerhard dagegen von einem etwas zwielichtigen Reliquiengeschäft, das Ulrich erfolgreich tätigte. Ein römischer Stadtkleriker, der den Wunsch

des Augsburger Bischofs vernommen hatte, führte diesen bei Nacht in eine Kirche, in der „das Haupt des heiligen Martyrers Abundius im Altar verschlossen ruhte. Der Kleriker las ihm die Leidensgeschichte des Heiligen vor, zeigte ihm das Haupt“ und beschwor die Echtheit der Reliquie. Daraufhin bezahlte Ulrich den Geistlichen und nahm den Totenschädel des heiligen Abundius mit. Dieser römische Blutzeuge soll unter Kaiser Valerian (253–260) den Märtyrertod erlitten haben. Er wird bereits im Martyrologium Hieronymianum um 450 erwähnt, und die Itinerare zu den Gräbern römischer Martyrer aus dem 7. Jahrhundert berichten, daß er neben dem heiligen Laurentius an der Via Tiburtina begraben worden sein soll. In Augsburg ließ Ulrich das Haupt in einem Schrein ausstellen. Der Name des Heiligen fand dann unter dem 26. August Aufnahme in die ältesten Augsburger Kalendarien und in ein Plenarmissale, das vor 1050 geschrieben wurde, desgleichen in ein Heiltumverzeichnis des Augsburger Domes von 1065. Das Haupt selbst kam später in die Stiftskirche nach Habach.

Ulrich und der Apostolische Stuhl

Wir haben Ulrich als Hirten des Bistums Augsburg, als Schützer der Klöster, als Helfer der Armen und Notleidenden, als vorbildlichen Liturgen und Förderer der Reliquienverehrung kennengelernt. Wie aber waren seine Beziehungen zur Gesamtkirche, zum Oberhaupt der Christenheit in Rom? Verhältnismäßig wenige und zum Teil nur unklare Auskünfte gibt uns darüber die Vita des Propstes Gerhard. Aus ihr ist zunächst zu ersehen, daß Ulrich immer treu zum Papsttum stand, mag er auch aufgrund seiner persönlichen Frömmigkeitshaltung den Lebensstil der römischen Bischöfe nicht gebilligt haten. Mindestens zwei-, wenn nicht gar viermal nahm Ulrich die großen Strapazen einer Romfahrt auf sich, um die Apostelgräber zu besuchen, dort zu beten und engere Beziehungen zum Apostolischen Stuhl zu knüpfen. Die Mißstände, die er sicher wahrnahm, haben diese Bindungen wohl nie beeinträchtigt, fanden jedenfalls keinen Niederschlag in der Vita.

Unstimmigkeiten allerdings ergeben sich für die Datierung und inhaltliche Zuordnung der betreffenden Textstellen in der Vita zu den einzelnen Reisen. Wie bereits erwähnt, soll Ulrich erstmals als junger Kleriker im Alter von 18 oder 19 Jahren in die Ewige Stadt gekommen sein. Ohne die im 1. Kapitel der Vita geschilderte Romfahrt Ulrichs im Jahr 908/09 grundsätzlich in Frage stellen zu wollen, seien doch einige Zweifel angemeldet. Hatte der junge schwäbische Adelige bereits einen solchen Bekanntheitsgrad, daß er vom Oberhaupt der Kirche in Privataudienz empfangen und ihm das Augsburger Bischofsamt angetragen wurde? Und mit welchem Papst führte Ulrich das von Gerhard wiedergegebene Gespräch? Auf keinen Fall konnte es der genannte Papst Marinus II. gewesen sein, der erst von 942 bis 946 regierte, also in der Zeit, in der die zweite Romreise Ulrichs stattgefunden haben könnte. Deshalb sei die bereits im Zusammenhang mit dem Geburtsort gestellte Frage nochmals wiederholt: Kam es 909 tatsächlich zu einer Begegnung zwischen dem damaligen Papst Sergius III. und Ulrich, oder hat Gerhard, wie schon mehrfach angedeutet, nur in dichterischer Form aussagen wollen, daß Ulrich bereits in jungen Jahren durch göttlichen Ratschluß zu großen Aufgaben berufen war, die ihm der Papst übertragen wollte? Auch ist zu bedenken, daß die Verleihung der Bistümer in jener Zeit vorrangig als Privileg des weltlichen Herrschers galt. Diese Überlegungen könnte man etwa so zusammenfassen: Die erste Romfahrt Ulrichs um 908/09 scheint gesichert, nicht aber das von Gerhard ausführlich beschriebene Gespräch über die Abstammung Ulrichs und die künftige Übernahme des Bistums Augsburg. Eine zweite Romreise wird im 14. Kapitel der Ulrichsvita erwähnt. Sie erfolgte unter der Regierung des römischen Patricius Alberich, also zwischen 932 und 954. Möglicherweise läßt sich dieser Zeitraum noch genauer eingrenzen. Von 942 bis 946 leitete Papst Marinus II. die Kirche. Hat erst in diesen Jahren die bereits für 909 erwähnte Begegnung zwischen Ulrich und Marinus stattgefunden? Zwar berichtet Gerhard von einem ehrenvollen Empfang des Augsburger Bischofs durch den weltlichen Herrscher Alberich, spricht aber mit keinem Wort von einer Papstaudienz. Sollte Ulrich tatsächlich nur deshalb eine so anstrengende Reise auf sich genommen haben, um an den Apostelgräbern zu beten und Reliquien zu kaufen, nicht aber, um mit dem Papst zu sprechen? Viel eher könnte man vermuten, daß Ulrich zwischen 942 und 946 Papst Marinus getroffen, nicht aber schon 909 eine Audienz bei Sergius III. erhalten hat.

Ein kurzer Hinweis im 18. Kapitel der Vita deutet auf eine dritte Romreise Ulrichs hin, die er möglicherweise 963 unternahm. Gerhard schreibt, daß den Bischof „brennende Sehnsucht trieb, Rom zu besuchen“ und berichtet von der Überquerung des Taro, eines rechten Seitenflusses des Po, der Hochwasser führte.

„Legendenhaft verklärt“ schildert er, wie Ulrich „mit solcher Leichtigkeit“ an das andere Ufer des Flusses gelangte, „daß keinem einzigen seiner Gefährten ein Mißgeschick zustieß“. Ulrich zog weiter bis nach San Leo di Montefeltre in der Provinz Pesaro, wo er Kaiser Otto I. in seinem

Feldlager aufsuchte. Dieser bestätigte am 14. Juni 963 auf Bitten des Augsburger Bischofs der Abtei Kempten alle Privilegien und die freie Abtswahl.
Im hohen Alter von über 80 Jahren faßte Ulrich „nochmals den Entschluß, zum Heil seiner Seele die Gräber der Apostel Petrus und Paulus zu besuchen". Diese Reise unternahm er wahrscheinlich im Frühjahr oder Sommer 971 in Begleitung seines Neffen Adalbero. Der Bischof, körperlich bereits geschwächt, fuhr ein Stück des Weges im Wagen. Als man dann in die Alpen kam, legten die Begleiter den Greis in eine Sänfte, die von Pferden getragen wurde. So überquerten sie die Gebirgspässe und gelangten unter großen Strapazen, doch ohne einen Unfall nach Rom. Dort „erfüllte Ulrich in tiefster Frömmigkeit alles, was er gelobt und versprochen hatte" und nahm in einer Audienz Abschied von Papst Johannes XIII.

Der Bischof und sein Neffe Adalbero

Auf der Rückreise von Rom besuchte Ulrich Kaiser Otto I. und Kaiserin Adelheid in Ravenna. Das Herrscherpaar empfing den greisen Bischof mit großer Freundlichkeit. Dieser aber trug in aller Offenheit ein Anliegen vor, das ihm schon lange am Herzen lag: Um sich selbst mehr dem Gebet widmen zu können, möge der Kaiser doch „die Verwaltung des Bistums, die Leitung der Hörigen und alle dem Bischof zustehenden weltlichen Geschäfte fest und unverbrüchlich seinem Neffen Adalbero übertragen" und zugleich zusichern, „daß er nach seinem – des Bischofs Tod – das Bistum dem Adalbero verleihen werde". Der Kaiser willfahrte der Bitte, und reich beschenkt setzte Ulrich seine Rückreise nach Augsburg fort.

Wenig später übernahm Adalbero die weltliche Leitung des Bistums und ließ sich von Rittern und Hörigen den Treueid leisten. Diese Begünstigung des Neffen erregte nicht mit Unrecht den Unmut mancher Geistlicher, die diesen Nepotismus mißbilligten. Zwar war die Verwandtenbegünstigung in damaliger Zeit keine so aufsehenerregende Erscheinung, vor allem dann nicht, wenn sich der Bevorzugte als fähig und würdig erwies. Dennoch konnte sie das allgemeine Vertrauensverhältnis zwischen Bischof und den Gläubigen erschüttern. Noch größeres öffentliches Ärgernis gab es, als Adalbero gelegentlich den Bischofsstab trug und damit bischöfliche Würden beanspruchte. Diese Amtsanmaßung, die Ulrich vielleicht in der Hoffnung auf mehr Ruhe und Arbeitsentlastung still duldete, rief nicht nur im Bistum Augsburg heftige Kritik hervor. Auch andere Bischöfe mißbilligten das unkanonische Verhalten Adalberos. Ulrich und sein Neffe sollten sich deshalb auf einer Bischofsversammlung verantworten.

Beide erhielten im September 972 eine Einladung zur Reichssynode in Ingelheim bei Bingen am Rhein, die Kaiser Otto I. und dessen Sohn Otto II. einberufen hatten. Zahlreiche Erzbischöfe mit ihren Suffraganen und auch Laien nahmen daran teil. Als diese erfuhren, daß Adalbero bereits jetzt den Bischofsstab trage, legten sie heftigen Widerspruch ein und beschuldigten ihn der Ketzerei. Sie verlangten, daß er niemals den Augsburger Bischofsstuhl besteigen dürfe. Für Ulrich bedeutete diese Entscheidung eine große Enttäuschung. Zusammen mit einigen Augsburger Geistlichen nahm er an der Eröffnung teil, während Adalbero fernblieb. Als die versammelten Synodalen Ulrich aufforderten, zu den Vorkommnissen Stellung zu nehmen, vermochte sich dieser nicht verständlich zu machen, da er körperlich sehr geschwächt und wohl auch erregt war.

An seiner Stelle ergriff der Geistliche Gerhard, höchstwahrscheinlich der Verfasser der Vita Sancti Udalrici, das Wort und trug das Anliegen Ulrichs vor: „Erhabene Kaiser, hochwürdige Bischöfe! Der Wunsch meines Herrn ist, die Welt zu verlassen, gemäß der Regel des heiligen Benedikt fromm zu wandeln und in einem Leben der Beschaulichkeit den Tag seines Todes zu erwarten. An seinem äußeren Gewand könnt ihr mit Sicherheit erkennen, welche Absichten er im Innern trägt". Abschließend bat Gerhard, doch den Wunsch seines Herrn zu erfüllen.
Die Synodalen waren unsicher geworden. Sie schätzten den greisen Augsburger Oberhirten und wußten um dessen Verdienste für Kirche und Reich. Deshalb wollten sie ihre Entscheidung erst nach eingehender Beratung treffen. Am folgenden Tag erschienen Ulrich und Adalbero in der Versammlung. Diese verlangte von Adalbero die eidliche Erklärung, daß er sich seiner ketzerischen Handlungsweise nie bewußt gewesen sei, als er den Bischofsstab in der Öffentlichkeit benützte und damit bischöfliche Gewalt beanspruchte. Adalbero zögerte zunächst und wollte sich verteidigen, doch die Synodalen bestanden auf der sofortigen Eidesablegung. Ulrich mußte sich mit dieser an und für sich vornehmen Erklärung seiner geistlichen Mitbrüder zufrieden geben. Doch versuchte er, noch eine andere Lösung anzubieten, um sich selbst von der Bürde des Amtes zu befreien: Man möge seinen Neffen zum Bischof weihen und ihm gestatten, sich in ein Benediktinerkloster zurückziehen zu dürfen. Die Bischöfe waren mit diesem Vorschlag nicht einverstanden, widersprach der Antrag doch der Zeitauffassung, daß Oberhirte und Diözese gleichsam in einem eheähnlichen Verhältnis unlösbar miteinander verbunden wären. Um Ulrich nicht offiziell widersprechen zu müssen, bemühten sich die Synodalen, in einem vertrau-

lichen Gespräch mit dem Augsburger Oberhirten und dessen Begleitern, einen für alle erträglichen Kompromiß zu finden. Sie sagten: „Ehrwürdiger Vater, dir sind die Vorschriften der Kirchenbücher bekannt. Du bist stets den rechten Weg gegangen und nie davon abgewichen. Es wäre nicht recht, wenn du diesen Weg verlassen und dadurch zum Urheber einer so großen Verwirrung würdest, daß bei deinen Lebzeiten ein anderer an deiner Stelle geweiht wird. Denn wenn durch dich dieser Mißbrauch einreißt, werden in Zukunft vielen Bischöfen von seiten ihrer Neffen und Geistlichen, die entsprechende Absichten haben, Schwierigkeiten in großer Zahl erwachsen. Du tätest besser daran, in dem Amt auszuharren, in dem du begonnen hast, Gott zu dienen, als deiner Neigung zu folgen und dadurch ungezählten anderen ein Ärgernis zu geben. Denn durch dich sollen ja die Kanoniker, Mönche und Nonnen und alle anderen Christen im rechten Stand erhalten werden. Die aber, die schon gefallen sind, können durch dich wieder aufgerichtet werden. Was aber deinen Neffen betrifft, so erfüllen wir deinen Wunsch und versichern, daß nach deinem Tod von uns Adalbero zum Bischof derjenigen Diözese, deren Hirte du jetzt bist, geweiht werden solle."
Ulrich stimmte wohl schweren Herzens zu, sehnte er sich doch nach Ruhe und voller Entlastung von seinem schweren Amt. Nun gestatteten die Synodalen, daß Adalbero, unter Ulrichs Oberaufsicht, die Verwaltung des gesamten Bistums übernehmen durfte. Damit erlangte Adalbero faktisch die Rechtsstellung eines Coadjutors cum iure successionis, d. h. eine sichere Anwartschaft auf das Bischofsamt, die allerdings im Kirchenrecht erst später Allgemeingültigkeit erlangte. Beide kehrten nach Beendigung der Synode nach Augsburg zurück.
Damit schien für Ulrich die Bischofsnachfolge geregelt zu

sein. Er glaubte, die beste Lösung für das Bistum gefunden zu haben, galt doch Adalbero als großherziger, gebildeter und frommer Priester. Ulrich konnte nicht ahnen, daß wenig später alle seine weitschauenden Pläne durchkreuzt werden sollten. Im Frühjahr 973 besuchte der Bischof mit seinem Neffen nach dem Osterfest, das am 23. März gefeiert worden war, Graf Riwin und dessen Gemahlin Hildegard auf der Burg zu Dillingen. Sie wollten dort einige erholsame Tage gemeinsam verbringen. Adalbero, der sich nicht wohlfühlte, ließ sich am 4. April durch einen Aderlaß Blut abnehmen. Danach nahm er am gemeinsamen Abendessen teil und legte sich zu Bett. Wenig später aber verschied er. Ulrich schien es geahnt zu haben, denn er zeigte sich nicht überrascht, als man ihm die traurige Nachricht überbrachte. Er ließ den Leichnam nach Augsburg überführen und bei St. Afra neben seinem eigenen schon vorbereiteten Grab ein weiteres herrichten. Unter Beteiligung des Domklerus und einer großen Volksmenge wurden die Exequien gehalten und der Tote bestattet. Ulrich aber mußte, wenn auch nur noch für wenige Monate, wieder allein die volle Last des bischöflichen Amtes tragen, die eng mit den vielfältigen Aufgaben im königlichen und kaiserlichen Dienst verbunden war.

Der Reichsfürst

Schon die Augsburger Bischöfe des 9. Jahrhunderts sahen ihre Hauptaufgabe nicht nur in der geistlichen Leitung des Bistumsvolkes, sondern zugleich in der Erfüllung des Königsdienstes, den sie den Herrschern des ostfränkischen Reiches schuldig waren. So berichten die noch vorhandenen Quellen beispielsweise mehr über die politischen Aktivitäten der Bischöfe Witgar (861–887) und Adalbero (887–909) als über deren Hirtensorge. Gerade die Augsburger Bischöfe waren den Königen eine treue und zuverlässige Stütze, erhielten dafür Schenkungen und Rechte, gerieten aber auch in Spannungen mit den weltlichen Mächten, vor allem mit den Stammesherzögen und opferten oft zum Schaden für das Bistumsvolk viel Zeit und Kraft für kirchenfremde Aufgaben. Viele Sorgen und Nöte wären ihnen erspart geblieben, hätten sie sich ausschließlich ihrer geistlichen Hirtensorge widmen können. Das aber blieb ihnen versagt. Sie mußten sich den Erfordernissen der Zeit stellen und versuchen, ihrer Doppelaufgabe gerecht zu werden. Ulrich hat sich ehrlich darum bemüht.

In königlichem Dienst

Mit der Ernennung durch König Heinrich I. und der Einweisung in das Bistum Augsburg durch Herzog Burchard von Schwaben übernahm Ulrich 923 nicht nur die Verpflichtung zum kirchlichen, sondern auch zum königlichen Dienst, d. h. zur Waffenhilfe, zur Teilnahme an den Reichsversammlungen und -synoden, auf denen Entscheidungen beraten und Gesetze beschlossen wurden, und zu weiteren öffentlichen Funktionen. Diese Aufgaben erfüllte der Bischof, wie der Biograph Gerhard vermerkt, mit „Eifer und Beständigkeit“. Trotz der sehr dürftigen Quellenlage sind insgesamt 15 Besuche Ulrichs am Königshof oder bei Reichsversammlungen überliefert. So war Ulrich 932 auf der Reichssynode in Erfurt anwesend, die auf Veranlassung Heinrichs I. unter Leitung des Mainzer Erzbischofs tagte. Zu den Synodalen zählten damals die Erzbischöfe Rupert von Trier, Unni von Hamburg-Bremen, weitere Bischöfe und Äbte, die kirchliche Fragen berieten und abschließend die beschlossenen Dekrete unter dem 1. Juni 932 unterschrieben.

Nicht nachweisbar ist dagegen die Teilnahme Ulrichs an der Reichsversammlung, die vier Jahre später ebenfalls nach Erfurt einberufen worden und nach deren Beendigung König Heinrich I. am 2. Juli 936 gestorben war. Bereits fünf Wochen später fanden am 7. August die Krönungsfeierlichkeiten für Otto I. im Aachener Münster statt, bei denen die Großen des Reiches anwesend waren. Ob Ulrich dazu gehörte, kann vermutet, aus den Quellen aber nicht belegt werden.

Doch verbürgt ist die Teilnahme Ulrichs am Hoftag in Magdeburg im September 937. Damals errichtete der 25jährige König Otto nach Beratungen mit den Erzbischöfen Friedrich von Mainz und Adaldag von Hamburg-Bremen und den Bischöfen Ulrich von Augsburg, Baldarich von Utrecht, Thiedhard von Hildesheim, Ebergis von Minden, Amalrich von Speyer, Burkhard von Würzburg, Bernhard von Halberstadt und Amalung von Verden das Benediktinerkloster St. Mauritius in Magdeburg, dotierte es mit zahlreichen Gütern und gewährte ihm königlichen Schutz und Immunität.

Im Januar 947 weilte Ulrich in Frankfurt am Main. Auf

jeden Fall gehörte er zu den Bischöfen, die als Zeugen einer Urkunde genannt werden, in der König Otto dem Frauenkloster in Essen alle bisherigen Schenkungen, die Immunität und die freie Wahl der Äbtissin bestätigte.
Wenig später folgte er mit den anderen deutschen Bischöfen der Einladung zu einer Reichssynode, die für Juni 948 in der Kaiserpfalz Ingelheim ausgeschrieben worden war, und an der erstmals wieder seit 916 ein päpstlicher Legat teilnahm, Bischof Marinus von Bomarzo. Unter dessen Vorsitz wurde in Anwesenheit Ottos I. und des westfränkischen Königs Ludwig IV., von mehr als 30 Erzbischöfen und Bischöfen, zahlreichen Äbten und anderen Geistlichen am 7. Juni in der St.-Remigius-Kirche die Versammlung eröffnet. Zur Behandlung standen der Konflikt des westfränkischen Königs Ludwig mit Herzog Hugo Magnus von Franzien, interne Auseinandersetzungen der französischen Kirche und weitere kirchliche Disziplinarmaßnahmen an.
Im August 952 konnte Ulrich gleichsam als Hausherr König Otto I. in Augsburg begrüßen. Dieser war von seinem ersten Feldzug nach Italien zurückgekehrt. Dabei hatte er die langobardische Königswürde erstritten und die Erbin Italiens, Adelheid, eine Verwandte des Schwabenherzogs Burchard II. und damit auch Ulrichs, geheiratet. Der König hielt auf dem Lechfeld südlich von Augsburg einen Hoftag ab, während gleichzeitig die Bischöfe unter Vorsitz des Mainzer Metropoliten Frithurich in der Stadt tagten. Bei der Reichsversammlung auf dem Lechfeld waren alle weltlichen Vornehmen aus Schwaben, Baiern, Franken, Sachsen und Oberitalien, auch der Sohn Ottos aus erster Ehe, Herzog Liutolf von Schwaben, anwesend, desgleichen Berengar II. von Ivrea mit seinem Sohn Adalbert, die Otto in Italien besiegt hatte. Nun belehnte er diese nach erfolg-

ter Aussöhnung wieder mit dem Königreich Italien. Bei der Synode, an der auch der König wenigstens zeitweise teilnahm, berieten die Erzbischöfe von Salzburg, Mailand und Ravenna und zwanzig Bischöfe aus Deutschland, Frankreich und Italien vor allem Fragen der Kirchenzucht, die allerdings schon auf früheren Synoden behandelt worden waren.

Wenige Jahre nach der Ungarnschlacht nahm Ulrich im Dezember 960 wiederum an einem Hoftag in Regensburg teil. Dorthin fuhr er mit einem Schiff auf der Donau. Dabei kam es zu einem gefährlichen Zwischenfall, den Gerhard im 17. Kapitel der Vita schildert: Durch einen Zusammenstoß mit einem schweren Balken schlug der große Kahn leck und drohte unterzugehen. Die Schiffer entluden das Boot, dachten aber nicht daran, daß der Bischof am Heck saß und wohl schlief. Einem Kleriker jedoch fiel ein, daß sie ihren Herrn vergessen hatten. Er eilte durch das tiefe Wasser zu ihm und trug ihn auf dem Rücken an das Ufer. In dem Augenblick versank der rückwärtige Teil des Bootes in den Fluten. Unversehrt erreichte nun Ulrich Regensburg und kam rechtzeitig zu der Reichsversammlung, die am 24. Dezember tagte. Zu den Teilnehmern zählten König Otto, zwei päpstliche Legaten, die Erzbischöfe von Mainz, Salzburg und Mailand, und unter den acht deutschen Bischöfen die Oberhirten von Regensburg, Passau, Freising und Würzburg. Ferner waren anwesend der jugendliche Herzog Heinrich II. von Baiern mit seiner Mutter Judith, Herzog Burchard II. von Schwaben und andere Vornehme des Reiches. Über die behandelten Tagesordnungspunkte ist nichts bekannt. Doch berichtet Thietmar von Merseburg, daß am Christabend wertvolle Reliquien des heiligen Mauritius und anderer Märtyrer nach Regensburg gebracht wurden. Sie stammten aus dem Kloster St.

Moritz, aus dem schon Ulrich Jahre zuvor Reliquien der thebaischen Legion erhalten hatte. König Otto ließ diese Heiligtümer in das Mauritiuskloster nach Magdeburg überführen.
Bedeutete schon der Hofdienst für Ulrich eine schwere Belastung, war er doch z. T. mit anstrengenden weiten Reisen verbunden, so erforderten zwei reichsgeschichtlich bedeutsame Ereignisse von ihm den Einsatz aller Kräfte: Der Aufstand des Schwabenherzogs Liutolf und der Kampf gegen die Ungarn 955.

An der Seite König Ottos gegen Liutolf

Drei Jahre zuvor war Ulrich bei der Reichsversammlung auf dem Lechfeld noch Otto und dessen Sohn Liutolf gemeinsam begegnet. Schon damals war das Verhältnis zwischen Vater und Sohn gestört. Verschiedene Gründe, von den Historikern nicht einheitlich beurteilt, hatten zu tiefgreifenden Spannungen geführt. Wenig erfreut war Liutolf gewesen, als sein Vater Otto 951 in zweiter Ehe die 18 Jahre jüngere Adelheid von Burgund geheiratet hatte, geriet doch dadurch seine ihm 946 zugesicherte Thronfolge in Gefahr. Doch gab es noch weitere Ursachen. Mit Argwohn sah Liutolf, seit 948 mit dem Herzogtum Schwaben betraut, den wachsenden politischen Einfluß seiner Stiefmutter und seiner Onkel väterlicherseits, Heinrich, seit 947 Herzog von Baiern, und Brun, der 953 vom König zum Erzbischof von Köln und Herzog von Lothringen bestellt wurde. Vor allem aber nahm Liutolf Anstoß an dem steten Machtzuwachs des baierischen Herzogs Heinrich, der trotz menschlicher und sittlicher Schwächen das besondere Vertrauen des Königs genoß, während er selbst immer mehr in eine Abseitsstellung geriet. Als Liutolf 953 in Herzog Konrad dem Roten von Lothringen und Erzbischof Friedrich von Mainz Verbündete fand, die ebenfalls nicht mit der königlichen Politik zufrieden waren, vermochte er im März gleichen Jahres in Mainz seinen Vater so unter Druck zu setzen, daß dieser ihm erneut die Thronfolge garantierte und möglicherweise eine Machtbeschränkung des baierischen Herzogs zusicherte. Doch wenig später widerrief der König in Dortmund, wo er die Ostertage verbrachte, die gegebene Zusage. Damit begann die kriegerische Auseinandersetzung zwischen Otto und seinem Sohn mit dessen Verbündeten. In Baiern stellte sich Pfalzgraf Arnulf, Schwager und Statthalter Herzog Heinrichs, mit den baierischen Grafen auf die Seite Liutolfs, der nun die Stadt Regensburg besetzte. Die Lage für den König wurde bedrohlich, gingen doch auch die schwäbischen Adeligen in der Mehrzahl zu Liutolf über. Nur der Erzbischof von Salzburg, Herold, der Bischof von Chur, Hartpert, Graf Adalbert aus dem Geschlecht der Alaholfinger zu Marchtal und Bischof Ulrich mit seinem Bruder Dietpald hielten in Treue zu Otto I. Dieser war nach vergeblicher Belagerung von Mainz in Begleitung seines Bruders Heinrich mit sächsischen und fränkischen Truppen im September 953 nach Regensburg gezogen, um die Stadt aus den Händen der Aufrührer zu befreien. Ihm zu Hilfe eilte als einziger aus dem süddeutschen Raum der Augsburger Bischof, der den Krummstab mit dem Schwert vertauschte, wie es damals viele geistliche Fürsten in Notzeiten taten. Ulrich ritt an der Spitze seines Aufgebotes nach Regensburg, um den König bei der Belagerung der Stadt zu unterstützen. Diese aber verteidigte sich erfolgreich, so daß Otto im Dezember 953 den Kampf abbrach und sich vor dem Weihnachtsfest nach Sachsen zurückzog.

Inzwischen aber hatte Pfalzgraf Arnulf die Stadt Augsburg, die nur von wenigen bischöflichen Vasallen gesichert wurde, erobert, die Ritter und Mannschaften gefangen genommen und nach Baiern abtransportiert, die Häuser geplündert und zerstört und fast den gesamten bischöflichen Besitz als Lehen an landfremde Parteigänger Liutolfs verteilt. Als Ulrich etwa Anfang Januar 954 nach Augsburg kam, fand er eine Trümmerstätte vor. Er wagte es nicht, länger als einen Tag in der Stadt zu bleiben, hätte er sich hier doch gegen einen erneuten Angriff der Anhänger Arnulfs und Liutolfs nicht verteidigen können. Deshalb ritt er mit seinen Getreuen in das etwa 30 km südlich von Augsburg gelegene Castellum Mantahinga, das zum Domstift gehörte und damit der bischöflichen Herrschaft unterstand. Dieses Castellum, das vermutlich aus römischer Zeit stammte, und dessen Lage vielleicht in der Flur nördlich von Schwabmünchen zu lokalisieren ist, befand sich in einem trostlosen Zustand, den Propst Gerhard im 10. Kapitel der Vita ausführlich schilderte: Trotz grimmiger Kälte mußte man zunächst in Zelten und Nothütten quartieren, da die ehemaligen Gebäude der Festungsanlage zerstört waren. Die eilig herbeikommandierten Stiftsangehörigen umzäumten den Platz mit Holzpfählen, besserten die Wälle aus und errichteten behelfsmäßige Unterkünfte. Pfalzgraf Arnulf schickte daraufhin Boten nach Schwabmünchen, die den Bischof aufforderten, den Bau der Befestigung einzustellen und sich unverzüglich Liutolf anzuschließen. Dieser aber beriet sich mit seinen Vertrauten. Man beschloß, eine endgültige Antwort an den Pfalzgrafen so lange hinauszuzögern, bis das Castellum wieder in einen verteidigungsfähigen Zustand versetzt war. Dann aber wies Ulrich das Ansinnen Arnulfs klar und deutlich zurück und bekundete offen seine Treue zum König. Nun bereitete der

Pfalzgraf die Belagerung von Mantahinga vor. Er sammelte erneut die Männer, die wenige Monate zuvor schon Augsburg geplündert hatten. Es waren vor allem Einheimische aus dem Bistumsgebiet. Zwar versuchte Ulrich, diese durch Botschafter an ihre Gehorsamspflicht zu erinnern und drohte ihnen auch kirchliche Strafen an, wenn sie gegen ihn zu Felde ziehen sollten, doch blieben seine Bemühungen ohne großen Erfolg. So begann die Belagerung am 5. Februar 954. Neun Tage später aber kamen überraschend Dietpald, der Bruder Ulrichs, und Graf Adalbert von Marchtal in der Morgenfrühe des 13. Februar mit ihrer Mannschaft nach Schwabmünchen, schlugen die Belagerer in die Flucht und nahmen Heremann, den Bruder des Pfalzgrafen Arnulf, gefangen. Graf Adalbert aber wurde tödlich verwundet, er fand seine letzte Ruhestätte im Augsburger Dom. Ulrich kehrte nun in seine Bischofsstadt zurück und hielt strenges Gericht über diejenigen, die sich in den vergangenen Monaten unrechtmäßig an bischöflichem Gut bereichert hatten: „Keiner von denen, die in Augsburg gegen die heilige Gottesmutter (d. h. den Dom) Beute gemacht hatten, kamen ungestraft davon, es sei, er hatte sich unverzüglich aus eigenen Mitteln die Verzeihung des ehrwürdigen Bischofs erkauft“.

Zwar konnten Ulrich und Dietpald in Mantahinga einen Sieg über die Anhänger Liutolfs verbuchen, doch war der Erfolg nur beschränkt, der Aufstand noch längst nicht niedergeschlagen. Um erneut eindringende ungarische Reiterscharen von der baierischen Grenze zu vertreiben, zog König Otto mit einem Heer nach Süden und traf im Frühjahr 954 bei Illertissen auf die versammelte Mannschaft seines Sohnes Liutolf. Eine blutige Auseinandersetzung schien unvermeidlich. Da gelang es den Bischöfen Ulrich von Augsburg und Hartpert von Chur im letzten Augenblick, zwischen Otto I. und seinem Sohn zu vermitteln und beide zu einem Waffenstillstand zu bewegen. Wenig später unterwarf sich Liutolf dem Vater, der ihn in Gnaden wieder aufnahm. Endgültig aber wurde der Streit am 17. Dezember 954 auf dem Hoftag zu Arnstadt beendet und der Friede geschlossen. Daß Bischof Ulrich dabei anwesend war, läßt sich mit Recht vermuten, wenn auch nicht aus den Quellen belegen.

Der Verteidiger von Augsburg 955

Kein halbes Jahr nach dem Hoftag von Arnstadt drohte dem Reich eine tödliche Gefahr. Ein riesiges Heer der Ungarn unter dem Oberbefehl des kampferprobten Bulcsu überschritt im Sommer 955 wiederum die baierische Grenze. Es zog plündernd und mordend durch das Land zwischen Donau und dem Wald des Voralpengebietes. Die Hauptmacht aber ritt gegen Augsburg und erreichte wohl um den 5. August die Stadt. St. Afra vor den Toren ging in Flammen auf, die Ungarn begannen sofort mit der Belagerung, deren Höhepunkt am 8. und 9. August Propst Gerhard wohl als Augenzeuge ausführlich schildert: Rechtzeitig hatte Ulrich die Ritter und die bischöfliche Mannschaft, die unter dem Oberbefehl seines Bruders Dietpald stand, in der Stadt zusammengezogen, die Wälle befestigt und die Tore verbarrikadiert. Ohne Zweifel galt der Bischof als die Seele des Widerstandes, und eindrucksvoll hat der Biograph die Persönlichkeit Ulrichs gezeichnet, wie er ohne Helm und Rüstung, in bischöflicher Gewandung mit der Stola bekleidet, zu Pferd seine Mannen ermunterte und keinen Pfeilschuß fürchtete. Diese Beschreibung hat in der Folgezeit viele Künstler inspiriert, Ulrich inmitten des

Schlachtgetümmels als den priesterlichen Fürsprecher und Heiligen darzustellen. Doch ist es fraglich, ob dieses Bild der Wirklichkeit entsprochen hat oder nicht idealisiert worden ist. Warum sollte Ulrich sich in der Stunde größter Gefahr nur passiv an der Verteidigung seiner Stadt und der ihm Anvertrauten beteiligt haben, während er ein Jahr zuvor an der Spitze seines Aufgebotes nach Regensburg geritten war und dort an der Belagerung aktiv mitgewirkt hatte? Außerdem war es damals nicht unüblich, daß die geistlichen Herren als Landesfürsten an Kriegszügen teilnahmen, hat doch auch Bischof Michael von Regensburg am 10. August im Heer des Königs mitgefochten.
Die Ungarn begannen den Angriff am Mittwoch, dem 8. August, gegen das Osttor. Die Verteidiger wehrten von den Wällen her den Ansturm ab und schufen sich durch einen überraschenden Ausfall der Ritter etwas Luft. Nachdem der Anführer der Ungarn gefallen war, ergriffen diese die Flucht und zogen sich, von den bischöflichen Mannen bedrängt, in ihr Lager zurück. Vorerst schien die Gefahr gebannt, doch wußte man, daß die Ungarn nicht aufgeben würden. Deshalb ordnete Ulrich sofort die Ausbesserung der beschädigten Wälle und den Ausbau von provisorischen Bollwerken an. In der Nacht versammelten sich die Frauen zum Gebet, und voller Angst erwartete die Bevölkerung den nächsten Morgen.
In der Morgenfrühe des 9. August feierte Ulrich mit seiner Mannschaft die heilige Messe und ermunterte die Verteidiger durch eine Predigt über das Psalmistenwort: „Und ob ich schon wanderte im finsteren Tal, fürchte ich kein Unglück, denn Du bist bei mir“ (Ps. 23,4). Wenig später versuchten die Ungarn einen erneuten Angriff. Dieses Mal hatten sie sich mit Leitern und anderem Sturmgerät versehen. Aber auch die Verteidiger waren gerüstet und wiesen

immer wieder die Angreifer ab. Diese wurden von ihren Anführern mit Geißelhieben vorwärts getrieben, von den Rittern aber abgewehrt. Beide Seiten hatten große Verluste. Noch vermochte die bischöfliche Mannschaft die Stadt zu halten, doch erlahmten allmählich die Kräfte. Plötzlich aber ließen die Ungarn von der Stadt ab. Herrschte bei deren Bewohner zunächst Ungewißheit, so erfuhr man bald, daß König Otto mit einem großen Heer zum Entsatz heranrückte. Diese Nachricht hatten auch die Ungarn durch Graf Berthold von Scheyern, einem Sohn des Pfalzgrafen Arnulf erhalten. Berthold, ein entschiedener Gegner Ottos, war von der Reisensburg bei Günzburg in das ungarische Lager geritten, um sich möglicherweise an dem Mann zu rächen, der seiner Familie großes Unrecht angetan hatte.
Eine Entscheidungsschlacht stand unmittelbar bevor. Wo aber hat sie stattgefunden, und aus welcher Richtung ist das Reichsheer herangerückt? Zwei Fragen, die bisher nicht geklärt werden konnten, obwohl sich zahlreiche Historiker damit befaßt haben. Mehrere zeitgenössische Quellen berichten über diesen Kampf, aber nur die Sachsengeschichte des Widukind von Korvey und die Ulrichsvita Gerhards schildern ausführlicher dieses Ereignis, ohne jedoch genauere geographische Angaben zu machen. Dadurch wurde allen möglichen Hypothesen der Boden bereitet. Als Kampfplatz werden das Schmuttertal, das Lechfeld südlich von Augsburg oder der Gunzenlee angenommen. Eine endgültige Festlegung ist nicht möglich, wenn auch die moderne Geschichtsschreibung sich eher für den Gunzenlee im Raum Neukissing ausspricht. Ebenfalls kann die Anmarschroute des königlichen Heeres nur vermutet werden. Möglicherweise rückte Otto frühestens am 8. August mit seinem Heer, das schätzungsweise 12 000 bis 15 000

Ritter nebst Begleitmannschaft zählte, von Westen her gegen Augsburg vor. Er könnte bei Ulm die Donau überschritten haben und südlich von Günzburg weitergezogen sein. Das Lager der Ungarn wäre vielleicht östlich von Augsburg auf den Wiesen bis hin zum Lech zu lokalisieren. Diese Hypothese wird in etwa dadurch gestützt, daß die Ungarn zunächst das Osttor angriffen. Hinsichtlich der Größe ihrer Streitmacht gibt es keinerlei Angaben. Schätzungen, es seien etwa 100 000 Männer gewesen, sind unrealistisch. Doch kann man mit Sicherheit annehmen, daß sie dem deutschen Heer zahlenmäßig um ein mehrfaches überlegen gewesen sein müssen.

Zur entscheidenden Feldschlacht kam es am 10. August, dem Festtag des heiligen Laurentius, auf dem Lechfeld, wo immer man es auch lokalisieren will. Noch in der Nacht zuvor hatte Graf Dietpald mit allen entbehrlichen Mannen Augsburg verlassen, um sich dem königlichen Heer anzuschließen. Dieses bestand aus acht Kampfabteilungen, von denen drei die Baiern, zwei die Schwaben unter Herzog Burchard II., je eine die Franken unter Herzog Konrad dem Roten, die königliche Streitmacht und die Böhmen mit etwa tausend Rittern unter Herzog Boleslav bildeten. Während Gerhard den Verlauf der Schlacht in sachlicher Kürze schilderte, hat Widukind von Korvey zahlreiche Einzelheiten überliefert. Ob sie der Wirklichkeit entsprachen oder nur der Ausschmückung des Berichtes und der gebührenden Betonung königlicher Tapferkeit dienen sollten, ist nicht immer deutlich zu unterscheiden. Auf jeden Fall scheinen zunächst die Ungarn im Vorteil gewesen zu sein und die königliche Streitmacht in Bedrängnis gebracht zu haben. Erst durch den Angriff der fränkischen Mannschaft und der königlichen Abteilung, an deren Spitze Otto I. mit der Heiligen Lanze ritt, konnte dem Feind eine vernichtende Niederlage beigebracht und dieser in die Flucht geschlagen werden. Wohl als Augenzeuge berichtet Gerhard über den ungeordneten Abzug der Ungarn: „Obwohl eine unglaublich große Zahl von ihnen erschlagen worden war, blieb dennoch eine so große Menge von ihnen übrig, daß die, welche sie von den Bollwerken der Stadt aus herankommen sahen, glaubten, sie kämen nicht als Besiegte, bis sie erkannten, daß sie an der Stadt vorüberjagten und in höchster Eile das andere Ufer des Lechs zu erreichen suchten". Das königliche Heer verfolgte die Fliehenden über den Lech, eroberte das ungarische Lager, befreite die Gefangenen und setzte dem Feind auch in den folgenden Tagen nach, um ihn endgültig zu vernichten. Mehrere hohe Anführer der Ungarn, unter diesen der Oberbefehlshaber Bulcsu, gerieten in Gefangenschaft und wurden in Regensburg von Herzog Heinrich zum Tod durch den Strang verurteilt. Damit hatte die ungarische Bedrohung des Abendlandes ein Ende gefunden. Die Magyaren zogen sich in ihr Land zurück, wurden in der pannonischen Tiefebene seßhaft und nahmen den christlichen Glauben an. Otto I. aber, der eine Schlacht von reichsgeschichtlicher Bedeutung gewonnen hatte, wurde von den Seinen als „Vater des Vaterlandes und Kaiser" gepriesen.

Dieser Kampf hatte viele Opfer gefordert. Der König beklagte den Tod seines Schwiegersohnes Konrad, und Bischof Ulrich trauerte um seinen Bruder Dietpald und um den Neffen Reginbald, den Sohn seiner Schwester Liutgard. Beide ließ er im Dom vor dem Walburga-Altar bestatten. Doch Ulrich gab sich keiner lähmenden Trauer hin. Er wußte um seine Verpflichtung, die er der Stadt und dem Bistum gegenüber hatte. E sorgte für den Lebensunterhalt des Domklerus, unterstützte die Bevölkerung, wo immer er konnte, ließ die Felder wieder bebauen und die zerstörten Gebäude neu aufrichten. König Otto I. aber blieb seinem Vasallen, der in höchster Not ihm die Treue gehalten hatte, zeitlebens freundschaftlich verbunden. Er belehnte den Sohn des gefallenen Dietpald, Riwin, mit den Grafschaften des Vaters und gewährte Ulrich das Münzrecht. Noch 18 Jahre lang sollten König, seit 962 Kaiser Otto und Bischof Ulrich von Augsburg gemeinsam für Reich und Kirche Verantwortung tragen.

Lebensende – Tod und Begräbnis

Mehr als es Ulrich wahrhaben wollte und zeigte, hatte ihn im April 973 der Tod seines geliebten Neffen Adalbero getroffen, den er zu seinem Nachfolger im Bischofsamt ausersehen hatte. Auf ihn hatte er seine ganze Hoffnung gesetzt und ihn für den geeignetsten Kandidaten gehalten. Nun mußte er wieder allein die Last der Verantwortung tragen. Um zur inneren Ruhe zu finden, hatte sich der 82jährige Oberhirte an den Staffelsee zurückgezogen. Hier erreichte ihn eine weitere Trauernachricht. Am 7. Mai war Kaiser Otto I. im Alter von 61 Jahren gestorben und im Magdeburger Dom beigesetzt worden. Damit verlor Ulrich einen weiteren Freund und Vertrauten, immer einsamer wurde es um ihn. Auch seine Tage waren gezählt, und im Frühsommer 973 setzte ein allmählicher Kräfteverfall ein. Es war Zeit für ihn, sein irdisches Haus zu bestellen. Größte Sorge bereitete ihm die Bischofsnachfolge. Von sich aus dachte Ulrich an Abt Werinhar von Fulda, den er möglicherweise bei der Konsekration der königlichen Kapelle wenige Jahre zuvor kennengelernt und der ihn noch im Juni 973 in Augsburg besucht hatte. Nach der Aussage Gerhards hätten die Domgeistlichen mit Ausnahme von zwei Kanonikern dem Wunsch Ulrichs zugestimmt und Werinhar auch gewählt. Doch bedurfte es noch der kaiserlichen Ernennung. Wohl um diese zu erlangen, reiste Riwin im Auftrag Ulrichs zur Reichsversammlung in Worms, die vom 16. bis 28. Juni tagte. Kaiser Otto II. aber lehnte ab. Möglicherweise wollte er nicht vor dem Hinscheiden des Bischofs einen Nachfolger bestellen, oder er hatte bereits einen anderen vorgesehen.
Ulrich bereitete sich inzwischen bewußt auf den Tod vor.

Um ganz unbelastet von allem irdischen Besitz heimgehen zu können, wollte er nun seine persönliche Habe aufteilen. Deshalb beauftragte er am 18. Juni den Kämmerer Luitpold, diese vor dem Kreuzaltar des Domes bereitzulegen, damit er darüber verfügen konnte. Seinen Pelzmantel und das Hausgerät vermachte er dem Nachfolger. Fast alles andere bestimmte er für die Armen, denen er 50 Jahre lang Freund und Helfer gewesen war. Den Rest sollten die Domkleriker erhalten.
Eine Woche später zelebrierte Ulrich zum Erstaunen aller Geistlichen nochmals am Fest Johannes des Täufers (24. Juni) zwei Messen in der Johanneskirche und bereitete sich endgültig auf den Tod vor, den er für den Vorabend des Apostelfestes Petrus und Paulus erwartete. Doch verging auch dieser Tag, ohne daß er von Gott in die Ewigkeit heimgerufen wurde. Ulrich ertrug mit Geduld diese Ungewißheit. Nur wünschte er sehnlich, nochmals seinen Neffen Riwin sprechen zu können. Vielleicht wollte er Gewißheit über die kaiserliche Annahme der Wahl Werinhars haben.
Der Zustand Ulrichs verschlechterte sich zusehends. In den späten Nachtstunden vom Donnerstag auf Freitag (3./4. Juli) traf Riwin aus Worms ein, fand den Onkel noch bei Bewußtsein und las ihm eine Grußbotschaft des Kaisers vor. Wenig später verschied der greise Oberhirte auf einem Aschenkreuz am Boden liegend, wie er es angeordnet hatte. Die ersten Sonnenstrahlen des anbrechenden Tages erhellten den Raum. Die anwesenden Kleriker richteten nun den Leichnam zur Bestattung her und bahrten ihn im Dom auf. Zugleich sandten die Kanoniker einen Eilboten an Erzbischof Friedrich von Salzburg, der ebenso wie Bischof Wolfgang von Regensburg zu den Teilnehmern des Wormser Reichstages gehört hatte und sich auf der Heimreise befand.

Sie baten ihn, die Totenliturgie zu übernehmen. Dieser aber mußte wegen Erkrankung absagen. Glücklicherweise gelang es dem Boten, in Nördlingen Bischof Wolfgang zu erreichen, der sich sofort bereiterklärte, seinen väterlichen Freund zu bestatten. Inzwischen hatte man am Sonntag, dem 6. Juli, den Leichnam vom Dom nach St. Afra vor den Toren überführt. Auch waren Wolfgang und Hildegard, die Gemahlin Riwins, eingetroffen. Hildegard brachte ein wachsgetränktes Totenhemd mit, das man dem mit den bischöflichen Gewändern bekleideten Leichnam überzog, um den Verwesungsprozeß hinauszuschieben, hatte doch Ulrich angeordnet, daß sein Leib auf die bloße Erde der Gruft gelegt und nur mit einem Holzdeckel abgedeckt werden sollte. Am Montag, dem 7. Juli, feierte Bischof Wolfgang in Anwesenheit des gesamten Stadtklerus, der Nonnen von St. Stephan, vieler Geistlicher aus dem Umland und einer großen Schar von Gläubigen die Totenliturgie und ermahnte die Zuhörer „mit trefflichen Worten, für diese heilige Seele aufs tiefste inbrünstig zu beten, auf daß sie von allen Fesseln der Sünde befreit, durch Gottes Gnade der immerwährenden Freude teilhaftig werde mit allen Heiligen und Auserwählten Gottes in Ewigkeit". Danach wurde der Leichnam in die gemauerte Grabkammer gelegt, diese mit einer starken Holzdecke versehen und bodengleich mit behauenen Steinen belegt. Die Grabstätte hatte Ulrich bereits nach der Lechfeldschlacht an der Südseite der damals neuerbauten Afrakirche errichten lassen. Dort las er zu Lebzeiten wöchentlich am Freitag die heilige Messe. Die Lage dieser Gruft scheint gesichert zu sein. Sie befand sich südöstlich des heutigen Kreuzaltars, aber außerhalb des 1961/62 erschlossenen Grabungsbereichs in der Basilika St. Ulrich und Afra. Wolfgang kehrte nach Beendigung der Liturgie nach Regensburg zurück, als Andenken erbat er sich ein Meßgewand des Verstorbenen, das ihm die Domgeistlichkeit dankbar überließ. Das Grab des Bischofs Ulrich aber wurde unmittelbar nach dessen Tod zu einer Wallfahrtsstätte für viele Gläubige aus Stadt und Bistum, bald aber auch für Hilfesuchende bis aus Polen und Böhmen.

Literatur

Die umfangreiche Literatur zum Leben und Werk des heiligen Ulrich ist für das 20. Jahrhundert bereits in den Jahrbüchern des Vereins für Augsburger Bistumsgeschichte (JABG) zusamengestellt:
A. Layer, Neueres Schrifttum über den heiligen Ulrich, in: JABG 7 (1973) 361–371.
Ders., Veröffentlichungen zur Geschichte des hl. Ulrich im Jubiläumsjahr 1973, in: JABG 8 (1974) 173–176.
H. Gier, Ulrichs-Bibliographie seit 1973, in: Bischof Ulrich von Augsburg (890–973) Seine Zeit – sein Leben – seine Verehrung. Festschrift aus Anlaß des tausendjährigen Jubiläums seiner Kanonisation im Jahre 973 (= JABG 26/27) 1992/93.
Hier sei nur auf einige zusammenfassende oder Spezialthemen behandelnde Veröffentlichungen hingewiesen, die den Leser zu einer intensiveren Beschäftigung mit Bischof Ulrich anregen könnten:
H. Bühler, Die Vorfahren des Bischofs Ulrich von Augsburg, in: Jahrbuch des Historischen Vereins Dillingen 75 (1973) 16–45. – K. Böck, Menschen und Heilige, 1985, 396–400. – B. Eberl, Die Ungarnschlacht auf dem Lechfeld im Jahre 955, 1955. – E. Gebele, Tausend Jahre Ungarnschlacht, 1955. – W. Goez, Gestalten des Hochmittelalters. Personengeschichtliche Essays im allgemeinhistorischen Kontext, 1983, 25–40. – W. Pötzl, Bischof Ulrich und seine Zeit. Eine Biographie, 1973. – P. Rummel, Sankt Ulrich, ein Sohn Augsburgs? in: JABG 8 (1974) 53–65. – L. Sprandel, Untersuchungen zur Geschichte Bischof Ulrichs von Augsburg, 1962. – W. Volkert-F. Zoepfl, Die Regesten der Bischöfe und des Domkapitels von Augsburg (RBA) I/1–I/4, 1955–1985. – M. Weitlauff, Der heilige Ulrich von Augsburg, in: JABG 7 (1973) 1–48. – F. Zoepfl, Udalrich, Bischof von Augsburg, in: Lebensbilder aus dem Bayerischen Schwaben I, 1952, 30–56. – Ders., Das Bistum Augsburg und seine Bischöfe im Mittelalter, 1955, 51–77. – Ders., Der heilige Ulrich, Bischof von Augsburg, in: G. Schwaiger (Hg.), Bavaria Sancta I, 1970, 199–211. – Ders., Ulrich, in: Lexikon der christlichen Ikonographie 8, 1976, Nachdruck 1990, Sp. 607–510. – P. Corbet, Les saints ottoniens, 1986.

Zur Verehrungsgeschichte des heiligen Ulrich

Es ist schon ungewöhnlich, daß dem Oberhirten eines regionalen Bistums im 10. Jahrhundert nicht nur innerhalb seines Sprengels frühzeitig tiefe Verehrung zuteil wurde, sondern daß sich dessen Kult sehr bald in verschiedenen Teilen Europas ausbreitete und über ein Jahrtausend hin, wenn auch mit schwankender Intensität, bis zur Gegenwart lebendig geblieben ist. Verschiedene Ursachen lassen sich für diese Entwicklung nennen, die hier nur zusammengestellt, später etwas ausführlicher behandelt werden.
Mit Sicherheit hat die päpstliche Kanonisation 993 die Verehrung Ulrichs in außerordentlicher Weise gefördert, wurde dessen Name doch bald in der Gesamtkirche bekannt. Nicht zu übersehen ist ferner das hohe Ansehen, das der Augsburger Bischof schon zu Lebzeiten als Kämpfer gegen die heidnischen Ungarn und als treuer Diener des Reiches genoß. An ihn erinnerten sich gerade die an der Südostgrenze des Reiches gelegenen, immer wieder vom Balkan her bedrohten Herrschaften und Orte. So finden sich verhältnismäßig viele Ulrichspatrozinien und -orte in Niederösterreich, Oberösterreich und der Oststeiermark, wie bereits Ferdinand Grell ausführlich dargestellt hat. Dem Adel galt Ulrich im hohen Mittelalter als Vorbild und Standespatron, und das einfache Volk suchte bei ihm Schutz und Zuflucht in vielerlei alltäglichen Nöten. Auch die Vita und die Wunderberichte des Propstes Gerhard, noch mehr wohl die Lebensbeschreibung des Abtes Berno von Reichenau haben den Namen und die Taten des heiligen Bischofs in den Benediktinerklöstern, den Chorherrenstiften und anderen geistlichen Zentren bekannt gemacht. Im süddeutschen Raum trug das freundschaftliche Verhältnis Ulrichs zu den jüngeren Nachbarbischöfen Konrad von Konstanz und Wolfgang in Regensburg dazu bei, den Ulrichskult in deren Bistümern zu fördern.

Nicht geringschätzen sollte man ferner die Bedeutung der Benediktinerabtei St. Ulrich und Afra und der Reichsstadt Augsburg für die Ausstrahlung der Ulrichsverehrung vor allem vor der Reformation. So dokumentierten das Reichskloster, aber auch das Hochstift Augsburg und andere schwäbische Stifte ihren umfangreichen Besitzstand gerade auch in Tirol u. a. durch die Errichtung von Ulrichskirchen. Ebenfalls trugen die reichen Augsburger Handelsherren und Bergwerksbesitzer, z. B. die Fugger, Paumgartner, Gossembrot und Höchstetter, zur Ausbreitung des Kultes vor allem in Oberösterreich und Tirol bei. Ihre Bergknappen stellten sich und ihre gefährliche Arbeit gern unter den Schutz des heimatlichen Bistumspatrons.
All das änderte sich mit dem Ausbruch der Reformation. Die allgemeine Abkehr von der Heiligenverehrung wirkte sich auch auf den Ulrichskult hemmend aus. St. Ulrich geriet bei der einheimischen Bevölkerung weithin in Vergessenheit, während beispielsweise in Wien schwäbische Landsmannschaften ihren Heimatpatron hochschätzten. In Augsburg selbst wußten schließlich nicht einmal die Benediktiner von St. Ulrich und Afra mehr, wo die Gebeine ihres Patrons nach der Translatio von 1606 lagen. Erst unter Fürstbischof Joseph Landgraf von Hessen-Darmstadt (1740–1768) kam es wieder zu einer vorübergehenden Belebung der Ulrichsverehrung in Stadt und Bistum Augsburg, doch die nachfolgende Säkularisation machte alle Erfolge erneut zunichte. Nun war es Sache der Bischöfe, das Gedächtnis an ihren heiligen Vorgänger zu wecken. Nahm sich im 19. Jahrhundert besonders Pankratius von Dinkel dieser Aufgabe an, so bemühten sich nach dem Zweiten Weltkrieg in erster Linie die Augsburger Oberhirten Dr. Josef Freundorfer und Dr. Dr. Josef Stimpfle, den Ulrichskult wieder zu beleben. Ihr Ziel war es, Leben und

Werk des Augsburger Bistumspatrons stärker in das Bewußtsein nicht nur der Diözesanen, sondern der ganzen abendländischen Kirche zu rücken.
Nach diesem allgemeinen Überblick soll nun versucht werden, wenigstens andeutungsweise den weitverzweigten Spuren der Ulrichsverehrung vor allem in Augsburg und in den deutschen Diözesen etwas genauer nachzugehen.

Die Anfänge der Verehrung bis 993

Unmittelbar nach der Bestattung am 7. Juli 973 setzte die Verehrung Ulrichs an seiner Grabstätte ein. Nachricht davon geben die Miracula Sancti Udalrici, die Propst Gerhard, der Verfasser der Ulrichsvita, wohl in den Jahren 973 bis 993 aufgezeichnet und nach bestimmten Gesichtspunkten geordnet hat. Diese Wunderberichte wurden zusammen mit der Lebensbeschreibung auf der Lateransynode 993 in Rom verlesen und bildeten die Grundlage für die nachfolgende Kanonisation. Dabei ist es dem Verfasser gar nicht darum gegangen, Aktenmaterial für eine solche Heiligsprechung Ulrichs zu sammeln und vorzulegen. Gerhard wollte einfach das heiligmäßige Leben und die einsetzende Verehrung dokumentieren und der Nachwelt überliefern. Daß an diese Sammlung der Wunderberichte nicht der historische Maßstab der heutigen Geschichtsschreibung angelegt werden kann, ist jedem klar, der nur ein wenig um die Schemata weiß, gemäß denen ein Schriftsteller des 10. Jahrhunderts ein Heiligenleben darstellte.
Diese Miracula sind in 30 Kapitel aufgegliedert, von denen etwa die Hälfte bis 982 niedergeschrieben worden ist. Sie schildern u. a. unter Angabe von Herkunftsorten der Hilfesuchenden die Heilungen von verschiedenen Krankheiten,

Behinderungen und von Besessenheit. So lesen wir von Geheilten aus der Stadt Augsburg, aus der unmittelbaren Umgebung, z. B. Bobingen und Großaitingen, aber auch aus Polen und Burgund. Nicht wenige von ihnen legten Votivgaben in Form wächserner Arme und Beine an der Grabstätte nieder, andere brachten wertvolle Geschenke in Gold und Silber, z. B. die Gesandtschaft des Böhmenherzogs Boleslav II., dessen Sohn auf die Fürsprache des heiligen Ulrich von schwerer Krankheit genesen war.

Überhaupt scheint wenigstens in Augsburg und Umgebung der Sterbetag Ulrichs frühzeitig als Feiertag begangen worden zu sein. So vermelden die Miracula, daß ein Bauer am 4. Juli im Heu arbeitete und deshalb bestraft wurde, weil er „den Tag des Heiligen mißachtet habe". Allerdings könnte dieses Strafgericht auch damit zusammenhängen, daß der 4. Juli als Ende des heidnischen Mitsommerfestes von altersher als Ruhetag galt. Wer ihn übertrat, mußte mit Unglück rechnen.

Die Initiative zu der wachsenden Ulrichsverehrung ging wohl in erster Linie vom gläubigen Volk, kaum vom Augsburger Bischof Heinrich aus. Dieser, von Kaiser Otto II. gegen den Willen des Domklerus zum Nachfolger Ulrichs bestimmt, zeigte anscheinend wenig Interesse an einem Kult, der das Ansehen Ulrichs und damit auch dessen Verwandtschaft förderte. Im Gegenteil, er beabsichtigte, den beiden Neffen des Verstorbenen, Manegold und Hupald, die augsburgischen Kirchenlehen zu entziehen, um deren Einfluß auf das Bistum auszuschalten. Manegold und Hupald genossen allerdings beim Kaiser und seiner Mutter Adelheid so großes Ansehen, daß dieser Versuch scheiterte. Insgesamt zeichnet Gerhard im letzten Kapitel der Ulrichsvita kein sehr günstiges Bild dieses Oberhirten, der „den Schafstall nicht auf dem rechten Weg betrat, sondern

anderswo einstieg". Galt für Gerhard Ulrich als ein Vorbild monastischer Bescheidenheit und Einfachheit, so tadelte er bei Heinrich dessen üppige Hofhaltung und Verschwendungssucht. Kümmerte sich Ulrich liebevoll um seine Untergebenen, so ging Heinrich gegen die Untertanen hartherzig vor. Hier offenbart sich wahrscheinlich die ablehnende Haltung Gerhards gegenüber Bischof Heinrich, dem es sicher nicht gefiel, immer wieder am Vorbild seines großen Vorgängers gemessen zu werden. Möglicherweise in der Amtszeit Heinrichs besuchte Abt Adso vom Kloster Montier-en-Der im Königreich Hochburgund das Grab Ulrichs, dessen heiligmäßiger Ruf schon damals über die Grenzen des Reiches gedrungen war.
Nach dem Tod Bischof Heinrichs 982 und dessen Nachfolgers Eticho leitete Liutold von 988 bis 996 das Bistum Augsburg. Ihm lag die Förderung des Ulrichskultes besonders am Herzen. Davon zeugt nicht nur seine Romreise im Winter 992, um bei der Lateransynode Ende Januar 993 die offizielle Heiligsprechung Ulrichs zu erbitten, sondern auch die vorangegangene Altarweihe im Dom zu Halberstadt u. a. zu Ehren Ulrichs. Dies geschah am 16. Oktober 992 im Rahmen der feierlichen Domkonsekration durch den Ortsbischof Hildeward. Zu den anwesenden Festgästen zählten an der Spitze Kaiser Otto III., dessen Großmutter Kaiserin Adelheid, die Erzbischöfe von Mainz, Magdeburg und Hamburg-Bremen, u. a. die Bischöfe von Worms, Paderborn, Verden und Oldenburg, die Äbtissinnen von Quedlinburg und Gernrode. Auch Bischof Liutold, ein Freund des Kaiserhauses, gehörte dazu. Er weihte den nördlichen Altar zu Ehren der Heiligen Sebastian, Bonifatius, Liutger und der augsburgischen Märtyrer und Bekenner Afra, Magnus und Ulrich, der damals bereits im regionalen Bereich als Heiliger verehrt wurde.

Augsburg, Mittelpunkt einer 1000jährigen Ulrichsverehrung

Nach glaubhafter Aussage der Bischofschronik des Thietmar von Merseburg ließ Bischof Liutold unmittelbar nach der Heiligsprechung Ulrichs im Jahr 993 dessen Grabstätte im Südteil von St. Afra erweitern. Die Ausgrabungsergebnisse von 1961/62 widerlegen diesen Bericht nicht, vermögen ihn allerdings auch nicht zu beweisen. Doch ist es sehr wohl denkbar, daß der nun anwachsende Pilgerstrom eine Vergrößerung des kryptenähnlichen Raumes notwendig machte. Hierhin stiftete Kaiserin Adelheid kurz vor ihrem Tod 999 eine goldene mit Edelsteinen verzierte Tafel, und hier ließ Herzog Heinrich von Bayern, der nachmalige Kaiser Heinrich II., im Februar 1002 die Eingeweide des in Italien verstorbenen Kaisers Otto III. beisetzen. Heinrich war es auch, der wenig später in Regensburg ein kostbares Sakramentar in Auftrag gab, das die erste bildliche Darstellung Ulrichs enthält: Heinrich II. steht zwischen den Bischöfen Emmeram und Ulrich, die beide die Arme des Herrschers stützen. Inzwischen war noch vor 1006 das Kanonikerstift St. Afra aufgelöst und in ein Benediktinerkloster umgewandelt worden. Strittig sind dabei die Fragen, ob Bischof Bruno, wie in der älteren Literatur fast durchgängig vermerkt, diese Umwandlung anregte, ferner, ob Mönche aus Tegernsee das neue Kloster besiedelten. Auf jeden Fall übernahmen nun die Benediktiner die Betreuung des Afra- und Ulrichsgrabes und förderten in der Folgezeit tatkräftig deren Verehrung. Bereits nach 1034 wird die bisherige Kirche St. Afra in den Annales Hildesheimensis erstmals auch als Ulrichskirche bezeichnet.

Im Kloster befand sich wahrscheinlich auch die Originalhandschrift der Ulrichsvita Gerhards zusammen mit zwei weiteren Abschriften, die noch Markus Welser 1595 für seine Edition benützt hatte, im 19. Jahrhundert aber nicht mehr auffindbar waren. Desgleichen lag hier die Erstfassung der Ulrichsvita des Reichenauer Abts Berno aus der Zeit zwischen 1020 und 1030, der diese auf Bitten des Augsburger Abts Fridebold verfaßt hatte und die auch im Kloster abgeschrieben wurde. Höchstwahrscheinlich aus der Hand des Priors Adilbert von St. Ulrich und Afra stammt die deutsche Reimfassung der Vita Sancti Udalrici. Adilbert könnte sie anläßlich der Übertragung der Ulrichsgebeine im Jahr 1187 aufgezeichnet haben. Als Grundlage diente ihm die Lebensbeschreibung Bernos. Wiederum war es ein ulrikanischer Mönch, wohl Veit Bild, der 1516 erstmals die Historia gloriosorum confessorum Udalrici et Simperti, necnon beatissimae martyris Afrae ... zunächst in lateinischer, kurz darauf in deutscher Sprache veröffentlichte. Schließlich bemühte sich um die Wende des 18./19. Jahrhunderts P. Placidus Braun durch die Herausgabe eines Ulrichsbuches, dessen Verehrung nochmals zu beleben.
Erreichten diese literarischen Zeugnisse auch nur einen verhältnismäßig kleinen Leserkreis, so galt größeres Interesse den Ulrichsreliquien, in deren Besitz man allzu gern gelangen wollte. So wurden immer wieder im Lauf der Jahrhunderte von der Augsburger Reichsabtei Ulrichsreliquien erbeten, wie sich aus Heiltumsverzeichnissen oder Visitationsprotokollen von Kirchen im deutschsprachigen Raum nachweisen läßt. Dabei handelte es sich kaum um Körperreliquien. Wo solche aufgeführt sind, ist diese Nachricht mit großer Vorsicht zu verwerten, hat man doch bei den ärztlichen Untersuchungen von 1762 und 1971 ei-

Deckplatte vom Kupfersarg des
Hl. Ulrich (1187)

Ulrich wird als Kind zum Bischof von Augsburg auserwählt
Augsburger Kupferstich (16. Jahrh.)

s Fischwunder
mälde in St. Ulrich und Afra zu Augsburg (1445)

Bischof Wolfgang von Regensburg segnet den Leichnam Ulrichs aus
(Kupferstich)

ux Victorialis über der Stadt Augsb rg
pferstich von Wolfgang K lian (1581–1662)

Ulrichsstatue aus Silber (Halle 1428)
(nicht mehr vorhanden)

berlebensgroße Statue des Hl. Ulrich in der Kathedrale von St. Gallen

Innenansicht von St. Ulrich und Afra (Augsburg) vor 1604

nen ziemlich vollständigen Erhaltungszustand des Skeletts testiert. Es ist also anzunehmen, daß man vor allem Berührungsreliquien und Stoffreste von Ulrichskaseln an die Bittsteller übersandt hat. Walter Pötzl hat bereits in der Festschrift von 1973 eine Reihe von Orten zusammengestellt, in denen solche Reliquien verehrt wurden, u. a. in Bamberg, Basel, Melk, Regensburg und Reichenau. Darüber hinaus lassen sich Ulrichsreliquien mit Gewißheit in Essen, Köln, Mainz und Paderborn nachweisen.

Literatur:

P. Braun, Geschichte von dem Leben, Auffindung und Übersetzung des heiligen Ulrich, 1795. – K. E. Geith, Albert von Augsburg. Das Leben des Heiligen Ulrich, 1971. – W. Pötzl, Die Anfänge der Ulrichsverehrung im Bistum Augsburg und im Reich, in: JABG 7 (1973), 82–115. – N. Hörberg, Libri Sanctae Afrae, 1983 (vgl. S. 18).

Erhebung der Gebeine 1183, 1606, 1762, 1971

Echte Körperreliquien konnten nur nach Öffnung des Sarges entnommen werden. Solche Erhebungen der Ulrichsgebeine haben in den vergangenen tausend Jahren viermal stattgefunden.

Etwa 200 Jahre nach der Bestattung wurde die Ulrichsgruft erstmals wieder geöffnet. Vorausgegangen war am 17. Juni 1183 ein Großbrand, der Kloster und Kirche zum Teil zerstört und auch das Ulrichsgrab verschüttet hatte. Wie legendenhaft ausgeschmückt, aber im wesentlichen doch glaubhaft berichtet wird, fand man nach zweiwöchigen Aufräumungsarbeiten das Grab, die Gebeine, Teile des bischöflichen Ornats, Reste eines Kelches und weitere Reliquien. Alles wurde in den nächsten Jahren sorgfältig aufbewahrt. Nach der Instandsetzung der Gebäude weihte

Erzbischof Konrad von Mainz am Ostermontag, dem 31. März 1187, die Kirche ein. Dabei trugen Kaiser Friedrich I. mit seinem Sohn und anderen Großen des Reiches den neuen kupfernen Schrein mit den Gebeinen Ulrichs und den anderen Beigaben in die hergerichtete Gruftkammer. Den Deckel des Schreins schmückte eine eingravierte und gepunzte Zeichnung des heiligen Ulrich in Pontifikalgewändern mit der Überschrift: SCS UDALRIC'. EPS (Sanctus Udalricus Episcopus). Diesen Kupferschrein stellte man in einen steinernen Sarkophag, der mit eisernen Klammern verschlossen wurde. Er fand seinen Platz in einem kryptenähnlichen Raum in unmittelbarer Nähe der Fundstelle von 1183.

Hier stand er über 400 Jahre bis zur zweiten Erhebung 1606. Damals glaubten viele, daß der Leichnam noch nicht verwest sei, wie der Reisebegleiter von Herzog Philipp III. von Pommern-Wolgast 1603 berichtete. Abt Johann Merk, 1600 zum Klosteroberen von St. Ulrich und Afra gewählt, hatte in den folgenden Jahren den spätgotischen Kirchenbau vollendet und 1604 den Hochaltar, 1606 aber die beiden Seitenaltäre St. Afra und St. Ulrich von Hans Degler und Elias Greiter aufstellen lassen. Unter den Mensen sollten künftig die Gebeine der Bistumspatrone ruhen. Deshalb erhob Abt Merk mit Zustimmung des Bischofs Heinrich von Knöringen am 11. Juni 1606 den kupfernen Ulrichsschrein und setzte ihn am südlichen Nebenaltar bei, während der Sarkophag an Ort und Stelle blieb, und auch die Gruft weiterhin geschmückt und mit Lampen beleuchtet wurde. Diese Translatio am 3. Sonntag nach dem Dreifaltigkeitsfest fand in feierlichem Rahmen statt. Wohl eigens aus diesem Anlaß hatten Christian Erbach (1568/73–1635) die Motette „Sancte Dei praesul“ und Giovanni Matteo Asola (ca. 1535–1609) einen Introitus komponiert,

heißt es doch ausdrücklich bei beiden Werken „In translatione Sancti Udalrici“. Daß diese Translatio im Laufe eines Jahrhunderts in Vergessenheit geriet, zeugt vom Niedergang der Ulrichsverehrung jener Epoche: „Augsburg schien seinen Schutzpatron und Wohltäter immer mehr und mehr zu vergessen und wenig zu verehren“, so urteilt Placidus Braun am Ende des 18. Jahrhunderts.
Deshalb befanden sich auch Abt Joseph Maria von Langenmantel und sein Konvent in großer Verlegenheit, als Fürstbischof Joseph Landgraf von Hessen-Darmstadt Anfang 1762 eine „Recognition“ der Ulrichsgebeine wünschte, um dem Gerücht entgegentreten zu können, Ulrich sei gar nicht in Augsburg, sondern in Mailand bestattet, während sich der Schädel in Rom befinde. Auf bischöfliche Anordnung hin machte sich im Februar 1762 eine Kommission ans Werk. Lange suchte man vergeblich nach dem Kupferschrein, bis man ihn endlich am 15. April in der Mensa des Ulrichsaltars entdeckte. Nun sollte, wie Placidus Braun schreibt, „die alte Gruft erneuert“ werden. Ist diese Nachricht glaubwürdig überliefert, woran kaum Zweifel besteht, so befindet sich die heutige Ulrichskrypta in etwa an der Stelle, wo bereits 1187 die Ulrichsgebeine beigesetzt wurden. Abt Joseph Maria ließ nun auf Anordnung des Fürstbischofs die Gruft erweitern, neu einwölben, im barocken Stil ausgestalten und einen Rokokoaltar aufstellen. Der spätere Kardinal Giuseppe Garampi, der im Frühjahr 1763 Augsburg besuchte, war allerdings mit der Ausstattung nicht ganz einverstanden. Er meinte, daß die „mit vergoldeten Holzschnitzereien und vielen Spiegeln“ geschmückte Gruft eher einem „Cabinett“ als einer Kapelle gleiche. Zur Aufbewahrung des Kupferschreins fertigte der Bildhauer Placidus Verhelst einen Marmorsarg mit der ruhenden Gestalt des Bischofs, der heute noch in

der Krypta steht. Am 13. Mai 1762 fand die Übertragung der Gebeine in Anwesenheit des gesamten Stadtklerus und vieler Gläubiger durch den Bischof statt. In feierlicher Prozession zog man zum Dom, wo der Sarg auf dem Kreuzaltar aufgestellt und verehrt wurde, dann kehrte man nach St. Ulrich und Afra zurück. Hier zelebrierte Fürstbischof Joseph ein Pontifikalamt, abschließend erfolgte die Beisetzung der Gebeine im Marmorsarg der Krypta. 1764 wurden diese in den von Placidus Verhelst entworfenen und von Goldschmied Johann Carl Zeckel in vergoldeter Kupfertreibarbeit ausgeführten Reliquienschrein umgebettet, der noch heute als Kostbarkeit bewundert wird.
Da an diesem Schrein einige Reparaturen ausgeführt werden mußten, ordnete Bischof Dr. Joseph Stimpfle eine vorübergehende Umbettung an, die am 24. Juli 1970 stattfand. Die anwesenden Zeugen fanden außer den Knochenreliquien Ulrichs und den schon 1183 erwähnten Beigaben weitere Gegenstände, die 1764 beigefügt worden sind, u. a. den urkundlichen Bericht über die ärztliche Untersuchung vom 30. April 1762. Dieser enthält eine Beschreibung der Gebeine in anatomischer Reihenfolge, aus der sich ergibt, daß einzelne Knochenteile fehlten, die man als Reliquien verteilt hatte. Das Protokoll diente dann der Ärztekommission zum Vergleich, die am 24. April 1971 die Gebeine des heiligen Ulrich untersuchte und weitgehendste Übereinstimmung mit dem Befund von 1762 feststellte. Näher bestimmt wurde die Körpergröße von schätzungsweise 180–190 cm. Desgleichen ermittelte man einen schweren degenerativen Umbau der Wirbelsäule, der als „hochgradige degenerative Spondylosis deformans“ verifiziert wurde. Der Schlußbericht vom 6. November 1971, der die Details der Untersuchung beschrieb, dokumentiert eindeutig, daß die vorhandenen Knochen zu einem einzelnen

Skelett gehören, jedoch einige Stücke fehlen. Die erneute Beisetzung im restaurierten Schrein von 1764 erfolgte nach Schließung der großen Ausstellung Suevia Sacra 1973, wobei weitere Dokumente über die jüngste Untersuchung und zur Zeitgeschichte beigefügt wurden.

Literatur:

J. L. Mayr, Beatissimi Patris Udalrici Translatio altera... Augsburg 1762. – Inventio et translatio s. Udalrici, in: Monumenta Germaniae historica, Scriptores IV, 427. – Pl. Braun, Geschichte der Kirche und des Stiftes der Heiligen Ulrich und Afra, 1817, 206–209. – Kirchenzeitung des Bistums Augsburg 1971, Nr. 19. – Bericht über die Untersuchung der Gebeine des hl. Ulrich am 24. April 1971 in der großen Sakristei der Ulrichsbasilika zu Augsburg, Faksimiledruck. – H. Thummerer, Urkundlicher Bericht von 1764 über Exhumierung, ärztliche Untersuchung und erneute Beisetzung der Ulrichsreliquien in: JABG 7 (1973) 231–248. – P. Rummel, Besondere Feiern zur Verehrung des hl. Ulrich, in: JABG 7 (1973) 256–258. – Deckplatte vom Sarg des hl. Ulrich, in: Suevia Sacra, Ausstellungskatalog 1973, Nr. 132. – Bischöfl. Zentralarchiv Regensburg, Proskesche Musiksammlung B 223–233, Nr. 78, Nr. 127.

Ulrichskreuz, -kelch und -paramente

Die heutige Pfarrei St. Ulrich und Afra besitzt aus benediktinischer Zeit wertvolle Erinnerungsstücke an den heiligen Ulrich, die nicht nur frommer Legende nach, sondern auf Grund wissenschaftlicher Untersuchungen dem Augsburger Bistumspatron als einstigem Besitzer und Benützer zugeschrieben werden können.

An erster Stelle sei das Ulrichskreuz genannt, mit dem die Gläubigen bis in unsere Tage gesegnet werden. Das mit Edelsteinen geschmückte Ostensorium, 1494 von den Augsburger Goldschmieden Jörg und Nikolaus Seld gefertigt, enthält ein silbernes Gehäuse in Kreuzform aus dem frühen 14. Jahrhundert, geschmückt mit der Kreuzigungsgruppe auf schwarz-blauen Nielloeinlagen. Dieses birgt im Innern einen verhältnismäßig großen Kreuzpartikel, den Ulrich wahrscheinlich bei seinem zweiten Papstbesuch vor 954 zum Geschenk erhalten hat. Schon im Mittelalter rankte sich um diese Reliquie die Legende, Ulrich habe das Kreuz vor der Ungarnschlacht 955 von einem Engel als Siegeszeichen – Crux Victorialis – überreicht bekommen. Bereits vor der Reformation war die Kunde von dem Ulrichskreuz weit verbreitet. So versicherte eine Gesandtschaft des Bischofs von Gnesen, die auf dem Weg nach Rom 1484 St. Ulrich und Afra in Augsburg besuchte, daß in vielen Kirchen Polens die Crux Victorialis bekannt sei. Nach Unterbrechung durch die Wirren der Glaubensspaltung setzte dessen Verehrung erneut ein. Dazu trugen nicht zuletzt die sogenannten Ulrichskreuze bei, abgewandelte verschieden gestaltete Nachbildungen der Crux Victorialis, die von den Benediktinern im 17. und 18. Jahrhundert u. a. zur Erinnerung an historische Jubiläen und Festfeiern im Kloster oder in der Stadt vertrieben wurden. So ließ man beispielsweise Ulrichskreuze anläßlich der Königswahl 1690 oder zum 700jährigen Jubiläum der Klostergründung 1712 prägen. Sie waren sehr begehrt, galten aber nicht nur als Andenken. Man muß sie wohl in Analogie zu den Benediktus-, Zacharias- und Caravacakreuzen sehen, die als Schutzmittel gegen Unwetter, Feuer und Pest hoch geschätzt wurden. So verwendete das Volk die Ulrichskreuze zur Abwehr von Krankheiten, grub sie in die Erde ein, um Mäuse und Ratten zu vertreiben, oder hängte sie in Häusern oder Ställen auf. Dieser Brauch brach mit der Aufklärung und Säkularisation fast ab, lebte aber in der Mitte des 19. Jahrhunderts wieder auf, jetzt gefördert durch die Pfarrei St. Ulrich und Afra, später auch durch die Diözese. Insgesamt gibt es mehrere hundert Varianten, deren Herkunftsorte in fast ganz Europa nachgewiesen werden können. Gerade in den letzten Jahrzehnten erfreuen sich diese religiösen Zeichen wieder wachsender Beliebtheit.

Wie gering man zu Beginn des 19. Jahrhunderts die Verehrung des Bistumspatrons einschätzte, ergibt sich u. a. daraus, daß der altehrwürdige Ulrichskelch zum Einschmelzen weggegeben werden sollte. Im letzten Augenblick erwarb ihn Fürstbischof Klemens Wenzeslaus, und 1827 übergab das Domkapitel den Kelch wieder an St. Ulrich und Afra. Nicht der ganze Kelch, nur die Cuppa wurde 1183 im Grab Ulrichs gefunden und bis 1187 zusammengesetzt und ergänzt. In späterer Zeit reichte man ihn Fieberkranken, galt doch „ein Trunk in lieb und in der Ehren St. Ulrichs“ als kräftiges Heilmittel. Dabei baten nicht nur Katholiken, sondern auch Lutheraner um die Hilfe des Augsburger Patrons, wie zwei Benediktiner von Kremsmünster 1779 erstaunt feststellten. Von einem anderen ungewöhnlichen Ritual berichtet der Bamberger Fürstbischof Johann Gottfried von Aschhausen, der das Pontifikalamt am Allerheiligenfest 1612 im Augsburger Dom miterlebte: Beim Kyrie wurde „jedermann im Chor aus S. Udalrici kelchen mit einem silberin rhörlein zu trinkhen geben“. Auf jeden Fall gerieten in der Barockzeit solche Bräuche in Mißkredit und riefen den Unwillen der Aufklärer hervor. Als Anfang Januar 1807 der damalige Pfarrvikar P. Benedikt Abt auf Bitten der Mutter einem kleinen Kind, das von einem tollwütigen Hund gebissen worden war, aus dem Ulrichskelch zu trinken gab, mißbilligte die königlich-bayerische Polizei diese Handlung, die „dem reinen Christentum widerspricht“, und beschlagnahmte den Kelch, um ihn einschmelzen zu lassen. Heute wird der Kelch an Festtagen zur Eucharistiefeier verwendet.

Weitere wertvolle Erinnerungsstücke an Bischof Ulrich sind verschiedene liturgische Gewänder, u. a. eine Dalmatik, d. i. das Gewand des Diakons, das auch der Bischof unter dem Meßgewand trug, eine Glockenkasel mit Stola und Manipel, die man dem Toten als Grabkleidung angelegt und 1183 bei der Erhebung gefunden hatte. Sie befinden sich alle im Eigentum der Kirchenstiftung von St. Ulrich und Afra. Zwei andere Meßgewänder wurden jahrhundertelang im Dom aufbewahrt. Hier wie in der Klosterkirche hat man in der Barockzeit bei Dürre oder Übermaß des Regens die Kaseln an den Hochaltären ausgehängt, um besseres Wetter zu erhalten. Auch dieser Brauch war den Aufklärern ein Dorn im Auge.

Vorhanden sind außerdem noch das Schweißtuch, mit dem das Haupt des toten Bischofs bedeckt war und das in einem 1506 von Wolf von Zillenhart gestifteten Behältnis verwahrt wird, desgleichen eine Holzschüssel, das sogenannte Eßgeschirr Ulrichs. Nicht aus dem 10. Jahrhundert stammt dagegen der „Kamm des heiligen Ulrich", der angeblich 1183 im Grab des Bistumspatrons gefunden worden sein soll. Der heute bei St. Ulrich und Afra aufbewahrte Kamm ist wohl eine Arbeit des 12. Jahrhunderts aus Byzanz oder Süditalien. Man verwendete ihn nach dem Anlegen der liturgischen Gewänder, um die Frisur zu ordnen.

Dieser, wie die anderen erwähnten Reliquien, die nachweislich bereits 1466 bei der Heiltumsweisung vor dem Dom gezeigt wurden, sind eingehend in drei alten Werken beschrieben: Bernhard Hertfelder, Basilica SS. Udalrici et Afrae, Augsburg 1627; Roman Kistler, Basilica, daß ist Herrliche Kirche des Frey-Reichs-Klosters St. Ulrich und Afra in Augspurg 1712 und Placidus Braun, Geschichte der Kirche und des Stiftes Ulrich und Afra, Augsburg 1817.

Literatur

J. M. Friesenegger, Die Ulrichskreuze mit besonderer Berücksichtigung ihres religiösen Brauchtums, 1937. – H. Müller, Ulrichskreuz und Ulrichskreuze, in: Jubiläumsjahrbuch der Diözese Augsburg 955/1955, 1955, 48–53. – M. Prestele, Das eine Ulrichskreuz und die vielen Ulrichskreuze, in: Kirchenzeitung des Bistums Augsburg 1971, Nr. 27. – Ulrichskelch, in: Suevia Sacra, Ausstellungskatalog 1973, Nr. 131. – Ulrichsparamente, in: Suevia Sacra, Ausstellungskatalog 1973, Nr. 207–214. – Ulrichskamm, in: Suevia Sacra, Ausstellungskatalog 1973, Nr. 70. – W. Grasser, Mit dem Kreuz gegen Mäusefraß, in: Süddeutsche Zeitung 1990, Nr. 265, S. 22.

Ulrichserde

Weit stärker über Augsburg hinaus war die Erde aus dem Grab des heiligen Ulrich bekannt, die bis 1806 vom Benediktinerstift in kleinen Seidenbeuteln „ohne Unterschied der Religion, unentgeltlich mitgeteilt, auch in die entferntesten Länder und an die höchsten Höfe frey geschickt" wurde, wie Placidus Braun schreibt. Er verteidigte diesen seit Jahrhunderten geübten frommen Brauch gegen die Aufklärer und verwies dabei auf die Aussage der jedem Seidenbeutel beigegebenen Authentik, in der es hieß: Diese Erde hat, „wenn sie, wie andere Reliquien verehrt, und einige Gebete, Fasten, Almosen und andere gute Werke zur Ehre Gottes und des heiligen Ulrich mit Vertrauen verrichtet werden, eine besondere Kraft, die schädlichen Ratten aus den Häusern ... zu vertreiben, und dies zum besonderen Zeichen, daß Gott ... die herrlichen Verdienste unseres heiligen Patrons durch immerwährende Gutthaten verherrlichen wolle". Der Ursprung dieses Brauches geht auf den Bericht über die „Inventio et Translatio", die Auffindung und Übertragung der Ulrichsgebeine, in den Jahren 1183/87 zurück, in dem es heißt, daß auf die Fürsprache Ulrichs das Land zwischen Wertach und Lech von

Ratten und Mäusen verschont blieb. Sigmund Meisterlin hat es in seiner Nürnberger Chronik (1488) so formuliert: Zwischen Wertach und Lech“ ist kein ratz durch Sant Ulrichs verdienen“. Wie begehrt diese Ulrichserde war und welche Kraft man ihr zuschrieb, sei an einigen Beispielen aufgezeigt. Erde vom Grab des heiligen Ulrich, die Ratten verscheuchte, fand sich bereits 1505 in der großen Heiltum-Sammlung in Wittenberg. Kurfürst Friedrich der Weise hatte sie wohl bei einem Besuch im September 1483 in Augsburg erhalten. Der Fürst kam in Begleitung des späteren Rektors der Wittenberger Universität, Martin Pollich von Mellerstadt, nach St. Ulrich und Afra, um den dortigen Reliquienschatz zu besichtigen. Pollich erkannte in P. Wilhelm Wittwer einen ehemaligen Studiengenossen aus dem Kloster Zerbst in Sachsen-Anhalt. Groß war die Wiedersehensfreude. Wittwer mag dann dem Fürsten ein Beutelchen Erde gegeben haben. 1518 erbat der Augsburger Domprediger Johann Ökolampad von P. Veit Bild Ulrichserde, die er seiner Mutter und einer Dame in Basel schikken sollte. Er selbst allerdings glaubte nicht an die Wirkkraft dieses Mittels. 1582 berichtete der weitgereiste französische Schriftsteller Michel Eyquem Seigneur de Montaigne anläßlich einer Visite in der Reichsstadt: „Die Augsburger haben zwar Mäuse, aber keine Ratten. Sie schreiben ihre Bevorzugung einem ihrer dort begrabenen Bischöfe zu. Von seinem Grab wird Erde in kleinen nußgroßen Stückchen verkauft und sie soll das Gezücht überall verjagen“. Wenige Jahre später (1587) schrieb der evangelische Dramatiker Berthold von Gadenstadt aus Wernigerode: Die Erde, die aus seinem (Ulrichs) Grab genommen wurde, soll die Tugend haben, daß die Ratten vertrieben werden. Deshalb wird sie auch Fremden verehrt und an viele Orte geschickt. Die Augsburger bestätigen es, in der

Stadt selbst seien keine Ratten zu finden. 1589 erschien eine kleine Legendensammlung von Bartholomäus Wagner, in der u. a. die Hilfe Ulrichs bei Rattenplagen gepriesen wurde; doch scheint die Ulrichserde nicht immer geholfen zu haben. So berichtete die Zimmersche Chronik, daß es 1538 in Meßkirch sehr viele „Ratzen“ gab. Graf Gottfried Werner von Zimmern „hat Sankt Ulrichs ertrichs etlichmal von Augspurg holen lassen der hoffnung halber, es solte die Ratzen vertriben . . . aber es wolts nit thuen . . .“ Jedoch blieben solche Mißerfolge, jedenfalls nach Auffassung der Zeitgenossen, eine Ausnahme. Als 1603 Herzog Philipp III. Julius von Pommern-Wolgast mit einem Begleiter Augsburg besuchte, kaufte er genug Ulrichserde, da diese „gutt vor rotzen und meüsse“ sei. Er meinte, sie stamme aus dem Kirchhof des Benediktinerklosters. Tatsächlich aber wurde sie aus der alten Gruft genommen. Doch spiegelt sich hier die weit verbreitete Auffassung wider, daß auch die Erde von den Kirchhöfen aller von Ulrich geweihten Gotteshäusern ähnlich Wirkung zeigte. 1654 berichtete der Kammerdiener des Prinzen Ernst von Sachsen-Gotha ebenfalls von dieser Erde, die „alle Rattenmäuß vertreibe, darum sagt mann, daß seinetwegen keine Ratten zu Augspurg seyen“.
Inzwischen war der fromme Volksglaube zum Thema akademischer Gelehrsamkeit geworden. 1693 verfaßte der aus Augsburg gebürtige Benedict Gullmann eine Dissertation an der Universität Leipzig: Historia Augustana de S. Ulrico Episcopo Glirium Expulsore, Augsburger Geschichte über Bischof St. Ulrich als Vertreiber der Ratten. Der Titel verspricht mehr als er hält. Die 22seitige Schrift befaßt sich nur in einem einzigen kurzen Kapitel mit dem eigentlichen Thema. Der Autor verweist auf die Chronik von Achilles Pirmin Gasser, die 1595/96 erstmals in deutscher Überset-

zung erschien. Hier heißt es: „Man glaubet, daß im Augspurger Gebiet durch diesen Ulrich die großen Mäuse oder Ratten vertrieben werden. Wie denn die Mönche daselbsten noch auf heutgen Tag S. Ulrichs Erden denen Ausländischen zu solchem Gebrauch, die großen Mäuse damit zu vertreiben, zuschicken“. Gullman zog daraus den Schluß, daß eine solche Bevorzugung Augsburgs möglich sei, wirkt doch Gott auch anderenorts Wunder auf besondere Fürsprache hin. In Augsburg aber geschehe das auf die Bitten des Bischofs Ulrich.

Es ist also gar nicht verwunderlich, daß immer häufiger dieses Schutzmittel von auswärts angefordert wurde. Beispielsweise bat Herzog Friedrich IV. von Schleswig-Holstein (1694–1702) mit Schreiben vom 24. März 1700 um Überlassung von Ulrichserde, um damit Ratten und Mäuse auf seinen Feldern und in seinen Schlössern zu vertreiben. 1765 aber wandte sich das hohe Kölner Domkapitel in großer Sorge an das Augsburger Benediktinerstift: Ratten hatten sich in der Domorgel eingenistet. Durch „hinlegung des heilig Udalrici Erden“ und durch Rattengift sollten sie vertrieben werden. 1810 berichtete der Trierer Generalvikar Anton Cordel, der sich vorübergehend in Augsburg aufhielt, daß die Bevölkerung bis in die jüngste Zeit davon überzeugt gewesen sei, durch den heiligen Ulrich von jeder Mäuse- und Rattenplage verschont worden zu sein. Erst durch die Errichtung der Kriegsmagazine im beginnenden 19. Jahrhundert seien auch die Ratten in die Stadt gekommen.

Als 1845 die wenige Jahre zuvor genehmigte weltliche Feier des Ulrichstages von der bayerischen Regierung wieder aufgehoben wurde, mußte sich Bischof Peter von Richarz öffentlich gegen solche „Pfarrgenossen“ verteidigen, die ihm „die Schuld an dem mehrgedachten Verbote und dem gegenwärtigen Mäusefraß aufbürdeten“. Die Pfarrer sollten ihre Gläubigen „pflichtmäßig über diesen sündhaften Wahn belehren“. Daß solche Anordnungen keinen großen Erfolg hatten, beweisen Beobachtungen aus der zweiten Hälfte des 19. Jahrhunderts: So wallfahrteten im Raum von Schwäbisch Gmünd viele am 4. Juli auf den Rechberg, damit ihre Häuser vor einer Rattenplage bewahrt werden sollten. Den Ulrichstag selbst nannte man dort im Volksmund „Ratzenfeiertag“. So tief war also der Glaube an den Schutz Ulrichs gegen Mäuse und Ratten verankert. Ein Reliquienkästchen aus Blei, gefüllt mit Ulrichserde, erinnert heute noch bei St. Ulrich und Afra an einen Brauch, der die Verehrung des Augsburger Patrons stärker als viele fromme Schriften und Predigten gefördert hat.

Literatur

B. Wagner, Catholische Beschreibung von Bischoff Ulrich . . . Ingolstadt 1589, 25–33. – Pl. Braun, Geschichte der Kirche und des Stiftes der Heiligen Ulrich und Afra in Augsburg, 1817, 222–224. – Oberhirtliche Generalien 1837–1858, Nr. 78, S. 183. – W. Wittwer, Catalogus Abbatum monasterii SS. Udalrici et Afrae Augustensis, in: A. Steichele (Hg.), Archiv für die Geschichte des Bisthums Augsburg III, 1860, 366. – K. Weinhold, Vom hl. Ulrich, in: Zeitschrift des Vereins für Volkskunde 5 (1895), 421. – E. Richter, Wissenswertes über Sanct-Ulrich-Erde, in: Der Zwiebelturm 12 (1957), 294. – Kirchenzeitung des Bistums Augsburg 14 (1959) Nr. 26, S. 431. – H. Bächtold-Stäubli, Wörterbuch des deutschen Aberglaubens VIII, 1936/37, 1295–1298. – E. M. Buxbaum, Ulrichsverehrung und Ulrichstraditionen im Umkreis des Petrus Canisius, in: JABG 7 (1973), 189. – H. Dussler, Reisen und Reisende in Bayerisch-Schwaben II, 1974, 77, 101, 234. – Ders., Reisen und Reisende in Bayerisch-Schwaben I [2]1980, 93. – R. Kroos, Vom Umgang mit Reliquien, in: Ornamenta Ecclesiae Kunst und Künstler der Romanik. Ausstellungskatalog 3 des Schnütgen-Museums Köln, 1985, 35, 47 Anm. 220. – G. Riedl, „Augsburg, das als die schönste Stadt Deutschlands gilt . . .“, in: Donau Rundschau 1988, Nr. 18. – Staats- und Stadtbibliothek Augsburg, B. Gullmann, Historia Augustana . . . 1693. Pfarrarchiv St. Ulrich und Afra in Augsburg: Kästchen mit Ulrichserde.

Ulrichsbruderschaften

Nur kurz beschrieben seien die Ulrichsbruderschaften, über die bereits Adolf Layer in der Festschrift 1973 ausführlicher berichtet hat. Die ulrikanische Konfraternität, eine geistliche Vereinigung, reicht bis in die zweite Hälfte des 12. Jahrhunderts zurück. Ihr prominentestes Mitglied war seit 1182 Kaiser Friedrich I., der mit seinem Beitritt wahrscheinlich politische und religiöse Motive verknüpfte. Eines der Hauptanliegen dieser im Mittelalter beliebten Konfraternitäten war die Gebetsverbrüderung mit anderen Klöstern. St. Ulrich und Afra ging bis ins 15. Jahrhundert etwa 50 Verbindungen ein. Man legte sich gegenseitig geistliche Verpflichtungen auf, hatte aber auch Anteil am gemeinsamen Gebet und an allen guten Werken. Daß diese Augsburger Konfraternität zur Verbreitung des Ulrichskults beitrug, kann mit Sicherheit angenommen werden.
Aus dieser Konfraternität entstand unter dem Einfluß der Melker Klosterreform 1440 die Kultbruderschaft zu Ehren des heiligen Ulrich, die bis 1521 mehr als 4700 Mitglieder zählte. Ihr Ziel war letztlich die Förderung der Ulrichsverehrung, ihre Beiträge aber flossen vor allem dem Neubau und der Ausstattung der Ulrichskirche zu. In der Reformation fast in Vergessenheit geraten, erweckte sie Abt Johann Merk 1610 zu neuem Leben. Doch vermochte sie in den folgenden Jahrhunderten ihre einstige Bedeutung nicht mehr zurückzugewinnen. Heute erinnert nur noch eine Messe für die lebenden und verstorbenen Mitglieder in der Ulrichsoktav an die großen Aktivitäten dieser Bruderschaft. Eine weitere Ulrichsbruderschaft der Weber bestand in Augsburg seit 1599 bei St. Georg. Sie ist jedoch längst abgegangen. Im Augsburger Bistumsgebiet läßt sich außerdem die Kapitelbruderschaft St. Ulrich in Weilheim

nachweisen, in der sich die Geistlichen und einige Laien dieses Dekanats zusammengeschlossen hatten. Bereits 1415 stifteten die Mitglieder eine Bruderschaftsmesse, die 1470/71 in ein Benefizium St. Ulrich umgewandelt wurde, das bis zur Gegenwart besteht, während die Bruderschaft wohl im 17. Jahrhundert untergegangen ist.
Auch in der Pfarrkirche in Ehrenberg, Dekanat Pfaffenhofen/Ilm, gibt es eine Ulrichsbruderschaft, die früher ihre Hauptfeste am Sonntag in der Ulrichsoktav und am 13. Mai, dem Tag der Translatio von 1762, beging.
In der 1655 gegründeten Rosenkranz-Bruderschaft in Wittislingen, dem möglichen Geburtsort Ulrichs, wird bis auf den heutigen Tag auch die Verehrung des Augsburger Bistumspatrons mit einem „Ulrichsdreißiger“ gepflegt.
Außerhalb der Augsburger Diözese bestehen bis zur Gegenwart Ulrichsbruderschaften in Wangen im ehemaligen Bistum Konstanz, heute Rottenburg-Stuttgart, und in Dülken, Bistum Aachen. In Wangen gründete der dortige Pfarrer 1515 eine Priesterbruderschaft St. Ulrich, in die später auch Laien aufgenommen wurden. Ihre Mitgliederzahl ist auf hundert begrenzt. Sie ist noch aktiv tätig und hat dazu beigetragen, daß die 1960 erbaute zweite Kirche St. Ulrich zum Patron erhielt. In Dülken existiert seit Jahrhunderten eine Schützenbruderschaft St. Ulrich, die die Ulrichsverehrung in der Stadt fördert und lebendig erhält.
Untergegangen sind in der Erzdiözese Salzburg die Fischer-Bruderschaft in Liefering, die eines ihrer Hauptfeste am Ulrichstag beging, und die Arme-Seelen-Bruderschaft in Seekirchen, die zeitweilig St. Ulrich als ihren Hauptpatron verehrte, desgleichen in München-Freising die Ulrichsbruderschaft in Elsenbach, einer Filiale von Neumarkt-St. Veit, Kr. Mühldorf.

Literatur

A. Layer, St.-Ulrichs-Bruderschaften, in: JABG 7 (1973), 339–350. – J. Krettner, Erster Katalog von Bruderschaften in Bayern (= Veröffentlichungen zur Volkskunde und Kulturgeschichte 6), 1980, 172.

Wallfahrten und Verehrung im 19. und 20. Jahrhundert

In der 800jährigen Geschichte des Benediktinerstifts St. Ulrich und Afra in Augsburg ist immer wieder die Rede von vielen Pilgern, die zunächst das Afra-, später das Simpert- und Ulrichsgrab besuchten, um dort zu beten und Hilfe in ihren leiblichen Nöten zu erlangen. Gleiches wird von den großen Jubelfeiern des Klosters im 17. und 18. Jahrhundert berichtet. So zogen in der Festwoche 1698 anläßlich der Translatio der Märtyrerin Digna und mehrerer heiliger Bischöfe Tausende aus dem Umland in die Stiftskirche, um dort die Sakramente und vor allem den von Papst Innozenz XII. verliehenen vollkommenen Ablaß zu gewinnen. 1712 sprachen die Chronisten sogar von 50 000 Gläubigen, die in der Ulrichswoche die 700-Jahrfeier der Klostergründung miterlebten. Zusammen mit ihren Priestern waren die katholischen Bewohner der Umlandgemeinden in Prozessionen zu St. Ulrich und Afra gekommen, um an den feierlichen Gottesdiensten teilzunehmen, nicht zuletzt aber deshalb, um den von Papst Klemens XI. wiederum gewährten vollkommenen Ablaß zu erlangen. Abgesehen von diesen Jubiläen aber läßt sich in diesen Jahrhunderten keine Ulrichswallfahrt in dem Sinn nachweisen, daß jährlich bestimmte Pfarreien aus der Diözese zu ihrem Bistumspatron pilgerten, wie sie es beispielsweise zum Heiligen Berg nach Andechs taten.

Am Festtag des heiligen Ulrich, der bis zur Säkularisation

gemeinsam vom Domkapitel, Benediktinerkonvent und den Kanonikern von St. Moritz begangen wurde, beteiligten sich höchstens Katholiken der Stadt Augsburg, kaum Gläubige aus dem Raum der Diözese. Nach der Aufhebung des Reichsstifts wurde die Ulrichsverehrung noch stärker vernachlässigt und blieb mehr oder weniger der Initiative des jeweiligen Stadtpfarrers von St. Ulrich und Afra überlassen. Bis 1837 beging allein diese Pfarrei den 4. Juli mit einem feierlichen Gottesdienst. Sofort nach Amtsantritt ordnete Bischof Peter von Richarz als ersten Schritt Hochämter für die übrigen Augsburger Stadtpfarreien an und setzte zugleich bei der Regierung durch, daß das Fest des Bistumspatrons künftig in der ganzen Diözese als weltlicher Feiertag gelten sollte. Doch bereits 1844 erfolgte die Rücknahme dieser Regierungsentschließung. Gemäß bischöflicher Anweisung wurden nun in allen Ulrichskirchen des Bistums am 4. Juli vor- und nachmittägliche Gottesdienste gehalten, während man sich in den anderen Pfarreien auf eine stille Messe beschränkte.
Wurde die 900-Jahr-Gedenkfeier der Lechfeldschlacht 1855 – abgesehen von der Grundsteinlegung für die Ulrichskirche in Königsbrunn – vor allem als weltliches Fest begangen, so setzte Bischof Pankratius von Dinkel seit 1858 die Bemühungen seines Vorgängers um eine Neubelebung der geistlichen Ulrichsverehrung fort. 1859 rief er den Ulrichsverein ins Leben, der sowohl der Gründung eines Knabenseminars, aber zugleich der Restaurierung des Domes und der Ulrichskirche in Augsburg dienen sollte. 1871 bat er in einem Hirtenbrief um ein außerordentliches Opfer für die Erneuerung der Grabeskirche des Bistumspatrons, und unter dem 14. Juni 1873 kündigte er das „neunhundertjährige St. Ulrichsjubiläum" an, das er mit „außerordentlicher Feierlichkeit zu schmücken gedachte". Möglichst viele

Gläubige sollten persönlich das Grab besuchen und den vollkommenen Ablaß gewinnen, der für die Ulrichsoktav von Papst Pius IX. gewährt worden war. Etwa 40 000 Diözesanen folgten dem Ruf und beteiligten sich an der Eucharistischen Prozession am 7. Juli, die den Höhepunkt der Jubiläumswoche bildete. Man kann sie als eine Glaubensdemonstration werten und als ein Bekenntnis zur Kirche, die drei Jahre nach der Verkündigung des Infallibilitätsdogmas im Abwehrkampf gegen starke antikirchliche Kräfte stand. So jedenfalls wurde diese Veranstaltung auch in der liberalen Presse ausführlich kommentiert.
Bescheidener gedachte man 1893 der 900. Wiederkehr der Heiligsprechung Ulrichs. Dieses Jubiläum blieb in erster Linie ein Fest der Stadtpfarrei St. Ulrich und Afra ohne besondere Beteiligung der Diözese und öffentliche Großkundgebungen. Eigentlicher Sinn sollte die Vertiefung des religiösen Lebens sein.
Trotz bestehender Inflation nahm 1923 die Ulrichspfarrei unter Stadtpfarrer Franz Xaver Hartmann das Wagnis auf sich, in der Woche vom 4. bis 7. Juli die 1000jährige Wiederkehr der Bischofsernennung Ulrichs zu begehen und dazu erstmals alle Bischöfe und Äbte einzuladen, deren Diözesen und Klöster in irgendeiner Beziehung zum heiligen Ulrich gestanden hatten. Den Höhepunkt und Abschluß bildete eine öffentliche Reliquienprozession, an der sich die Stadtbevölkerung beteiligte. Wegen der Notzeit sah man bewußt von allen weltlichen Festveranstaltungen und Empfängen ab.
Eine bisher ungeahnte Intensivierung und Hochblüte erlebte die Ulrichsverehrung im Bistum Augsburg in der zweiten Hälfte des 20. Jahrhunderts unter den Bischöfen Dr. Joseph Freundorfer (1949–1963) und Dr. Dr. Josef Stimpfle (1963–1992).

Bischof Freundorfer gab der Feier des Ulrichsfestes einen ganz neuen Rahmen. Er gestaltete 1955 das 1000jährige Jubiläum der Lechfeldschlacht zu „Tagen abendländischen Bekenntnisses“ und bezog die ganze Diözese in die Festwoche vom 2. bis 11. Juli ein. Ein eigenes Erinnerungsbuch und die Augsburger Kirchenzeitung haben die vielen Veranstaltungen im Bistum und in der Stadt dokumentiert, u. a. das „Augsburger Jahrtausendspiel“ von Richard Billinger auf der Freilichtbühne am Roten Tor. Damals wurde auch das neue Ulrichslied „Streiter in Not...“, das Arthur Pichler bereits in der Kriegszeit für die katholische Jugend komponiert hatte, in der Diözese eingeführt. Den Höhepunkt der Festwoche bildeten der Gottesdienst und die Schlußkundgebung am 10. Juli im überfüllten Rosenau-Stadion. Doch noch größeres Gewicht möchte man den kirchlich-sozialen Werken beimessen, u. a. der St.-Ulrichs-Jubiläums-Siedlung für kinderreiche Familien in Stadtbergen, die auf Initiative des Bischofs 1955 errichtet wurde.
Ab diesem Jubiläumsjahr pilgern jährlich in der Ulrichswoche die Gemeinden der einzelnen Dekanate zum Ulrichsgrab in der 1962 neu gestalteten Krypta. Außerdem treffen sich verschiedene Standes- und Berufsgruppen zu eigenen Gottesdiensten in der Ulrichsoktav. Auch wurden seitdem mehrere Ulrichskirchen im Bistum konsekriert.
In dieser Tradition stehend, hat Bischof Josef Stimpfle die Ulrichsverehrung noch intensiviert. So gehört die Feier des 1000. Todestages des Bistumspatrons 1973 zu den Höhepunkten in der Geschichte der Diözese Augsburg. Unvergessen bleibt das „große Ulrichslob“, das zu einem „Ereignis von internationaler Bedeutung“ wurde. Zu den Höhepunkten zählte der Abendgottesdienst am 30. Juni im Augsburger Rosenau-Stadion, an dem acht Kardinäle, 28 Bischöfe, 160 Priester und fast 50 000 Gläubige teilnah-

men, desgleichen das europäische Bischofssymposion und die von der Stadt in Verbindung mit der Diözese durchgeführte internationale Ausstellung Suevia Sacra. Dazu kamen Wallfahrten anderer Diözesen nach Augsburg, Gottesdienste für verschiedene Stände und zahlreiche Ulrichsfeiern in Stadt und Bistum. Von bleibender Bedeutung sind die Gründung des Diözesanwerkes für Behinderte, die Errichtung mehrerer Altenheime, geweiht dem heiligen Ulrich, die Schaffung der Ulrichswerkstätten für Behinderte und die Fertigstellung von 21 Kindergärten im Jubiläumsjahr 1973. Nicht zu übersehen sind schließlich die vielen Veröffentlichungen zum Ulrichsjubiläum, die das Wissen um den Augsburger Bischof, seine Zeit, überhaupt um die Kirche vermehrt haben. So wurde dieses Jubiläum „in gewissem Sinn zu einem Fest der katholischen Kirche". Es sollte weiterwirken, indem jeder einzelne sich nach dem Vorbild Ulrichs aus „dem Glauben heraus für die Einigung unserer Gesellschaft, Europas, ja der ganzen Welt einsetzt".

Literatur

Danck-Fest oder achttaegige Solemnität ... zu St. Ulrich und Afra in Augspurg ... wegen deß ... durch 700 Jahr erhaltenen Benedictiner-Ordens, 1712. – Pl. Braun, Geschichte der Kirche und des Stiftes ... Ulrich und Afra in Augsburg, 1817. – Oberhirtliche Generalien 1837–1855, Nr. 76, 77; 1858–1864, Nr. 14; 1865–1876, Nr. 175, 189. – J. M. Friesenegger, Das 900jährige Jubiläum der Heiligsprechung des hl. Ulrich, 1894. – Crux Victorialis. Ein Erinnerungsbuch an die St.-Ulrichs-Festwoche und die Tage des abendländischen Bekenntnisses 1955 in Augsburg, 1955. – Kirchenzeitung des Bistums Augsburg 1955, vor allem Nr. 22–35. – P. Rummel, Besondere Feiern zur Verehrung des heiligen Ulrich in Augsburg, in: JABG 7 (1973), 253–274. – Kirchenzeitung für das Bistum Augsburg 1973. – Das große Ulrichslob 1973. Erinnerung und Vermächtnis, 1974.

Ulrichspatrozinien im Bistum Augsburg

Im Raum des heutigen Bistums Augsburg weisen nicht zuletzt die vielen Patrozinien auf eine mehr oder weniger kontinuierliche Verehrung Bischof Ulrichs hin. Über 60 Pfarr- und Filialkirchen und etwa 17 Kapellen, die gegenwärtig bestehen, sind ihm geweiht. Es bleibt noch eine Aufgabe der Patrozinienforschung, den Zeitpunkt der Erstwidmung für die einzelnen Gotteshäuser zu untersuchen und auch die Gründe herauszuarbeiten, warum gerade diese oder jene Gemeinde St. Ulrich und nicht einen anderen Heiligen als ihren Schutzpatron verehrt. Im Rahmen dieser Arbeit seien nur einige Überlegungen angestellt, ein paar Hinweise gegeben und verschiedene Beispiele genannt.

Im zeitlichen Ablauf gab es keine gleichmäßige Zunahme der Ulrichspatrozinien. Vielmehr zeichnen sich bestimmte Schwerpunkte ab. Dazu gehört das Mittelalter, ausgehend von der Synode von Tribur im Jahr 1036 über die Stauferzeit bis hin zum Vorabend der Reformation. Im 17. Jahrhundert scheint seit Bischof Heinrich von Knöringen das Ulrichspatrozinium wieder an Beliebtheit gewonnen zu haben, und erst in den letzten 40 Jahren unseres Jahrhunderts kam es erneut zu einer deutlichen Mehrung der Ulrichskirchen. Zehn Gotteshäuser sind während der Amtszeit der Bischöfe Dr. Freundorfer und Dr. Stimpfle dem Augsburger Bistumspatron geweiht worden.

Fragt man aber nach den Gründen, die zur Wahl Ulrichs als Kirchenpatron führten, so kristallisieren sich verschiedene Ursachen heraus, die allerdings z. T. nur vermutet werden können und noch eines sicheren Beweises bedürfen, soweit das überhaupt möglich ist. Eine entscheidende Rolle spielten die jeweiligen Besitzverhältnisse. So verdanken in erster Linie die Ulrichspatrozinien ihren Ursprung dem Stift St. Ulrich und Afra in Augsburg, anderen Klöstern, die eine historische Bindung an Bischof Ulrich besaßen, den Grafen von Dillingen und den Augsburger Bischöfen als Nachfolger des Bistumspatrons, nicht zuletzt dem Adel, der eine „Renaissance" der Ulrichsverehrung durch die staufischen Kaiser mittrug, und schließlich der Wiederbelebung des Ulrichskultes in den vergangenen Jahrzehnten. Einige Beispiele seien genannt:

St. Ulrich und Afra in Augsburg hatte im Verlauf der Jahrhunderte durch Schenkungen und Kauf einen weit verstreuten Besitz erworben. In *Todtenweis* (Dek. Aichach) hatte bereits 1024 Kaiserin Kunigunde ein Gut geschenkt, und auch das Patronatsrecht ging frühzeitig an die Augsburger Benediktiner über. Zwar wird Ulrich erst 1499 als Kirchenpatron genannt, doch dürfte das Patrozinium bedeutend älter sein. Ähnliches gilt für die Filialkirche in *Schönbach* (Dek. Aichach), deren Geschichte eng mit dem Stift verknüpft ist. Hier wurde die Ulrichskirche nach 1400 erbaut. Auch in *Eisingersdorf* (Dek. Aichach), wo sich Besitzungen des Klosters bis ins 12. Jahrhundert nachweisen lassen, dürfte das Ulrichspatrozinium durch die Augsburger Benediktiner angeregt worden sein. Gleiches ist wohl für *Deffingen* (Dek. Günzburg) anzunehmen; doch könnte hier auch der niedere Ortsadel eine Rolle gespielt haben.

Das Fürststift Kempten, das bereits 1273 in Besitz von *Lauben* (Dek. Kempten) war, dürfte das Ulrichspatrozinium der dortigen Pfarrkirche, die in ihrem Kern auf die Spätgotik zurückgeht, angeregt haben. Hier wird noch heute der sogenannte hirschlederne „Wanderhut des heiligen Ulrich" aufbewahrt. Auch das Wasser eines inzwischen aufgelassenen Ulrichsbrunnens galt Jahrhunderte hindurch als Heilmittel bei Augenkrankheiten.

Dem Benediktinerkloster St. Mang in Füssen wurde 1394 die Pfarrei Aitrang (Dek. Marktoberdorf) inkorporiert. In *Aitrang,* das zusammen mit Geisenried durch Kaiser Friedrich II. zu einer eigenen Reichsvogtei erhoben wurde, läßt sich das Ulrichspatrozinium erstmals 1468 nachweisen. Es mag wohl durch St. Mang begründet worden sein.
Bischöflichen bzw. domkapitlischen Ursprungs scheinen die Ulrichspatrozinien in Seeg (Dek. Füssen), Oberschöneberg (Dek. Dinkelscherben), Graben (Dek. Schwabmünchen) und Schwenningen (Dek. Dillingen) zu sein. In *Seeg* besaßen die Augsburger Bischöfe bereits vor der Mitte des 13. Jahrhunderts das Patronatsrecht, in *Oberschöneberg* wird es 1316 erwähnt. In *Graben* läßt sich domkapitlischer Besitz schon im 11. Jahrhundert nachweisen, der in der Folgezeit stark ausgedehnt wurde. Die Pfarrkirche, um 1100 genannt, wird 1350 als „gottshaus s. Ulrich und Affra" bezeichnet. Auch das Ulrichspatrozinium in *Schwenningen* deutet auf domkapitlische Namensgebung hin, lag doch seit 1286 die Lehensherrschaft über Schwenningen in den Händen des Domkapitels.
In der Zeit der Ottonen und Staufer stand Bischof Ulrich in hohem Ansehen nicht nur bei den Herrschern, sondern auch beim höheren und niederen Adel, der ihn als einen seiner Standespatrone verehrte. Er beeinflußte sicher die Patroziniumswahl in den jeweiligen Herrschaftsgebieten. Das gilt beispielsweise für *Ehrenberg, Lindach* und *Kleinreichertshofen,* alle drei zum heutigen Dekanat Pfaffenhofen/Ilm gehörig. Aber auch in *Rettenbach* (Dek. Günzburg), in *Emmenhausen* (Dek. Kaufbeuren) und in *Wertach* (Dek. Kempten) mag der Ortsadel die Wahl Ulrichs zum Kirchenpatron maßgeblich mitbestimmt haben.
In der Vita S. Udalrici wird das Kloster *Habach* (Dek. Benediktbeuern) genannt, das nur kurze Zeit bestand.

Möglicherweise durch diese Nachricht beeinflußt, errichtete der spätere Churer Bischof Nortpert, zuvor Dompropst in Augsburg, auf seinem Grund eine Kirche zu Ehren des heiligen Ulrich. Nortpert entstammte vermutlich dem Geschlecht der Edlen von Weilheim. Bischof Embriko weihte das Gotteshaus am 13. Oktober 1073. Wenig später gründete Nortpert im Anschluß an die Kirche ein Chorherrenstift, das ebenfalls St. Ulrich gewidmet war, und übergab es 1085 der Domkirche. Auf die Initiative Nortperts geht wohl auch die Erbauung der Doppelkapelle St. Ulrich und St. Nikolaus in Müstair im Vintschgau zurück.
Ebenfalls einer Einzelpersönlichkeit, wenn auch niedrigeren Standes, verdankt die Filialkirche in *Schönau* (Dek. Aichach) ihr Ulrichspatrozinium. Hier erbaute der Bürger Georg Federle aus Inchenhofen 1494 eine Kapelle, die er dem Augsburger Bistumspatron widmete.
Auffällig ist, daß in *Wittislingen,* dem Stammsitz der Familie des heiligen Ulrich, über Jahrhunderte hin St. Martin als Kirchenpatron verehrt wurde. Um 1674 erschien Ulrich als Mitpatron, und erst 1805 erfolgte die Umwidmung des Patroziniums. Seitdem gilt er als Hauptpatron der Wittislinger Pfarrkirche.
In *Königsbrunn* (Dek. Augsburg-Süd) gab die 900-Jahrfeier der Ungarnschlacht 1855, bei der die Grundsteinlegung erfolgte, gebotenen Anlaß für das Ulrichspatrozinium. Das Gotteshaus, von Ferdinand Wagner mit einem Gemälde der Lechfeldschlacht ausgeschmückt, weihte Bischof Michael von Deinlein 1858. Neun Kirchen wurden zwischen 1955 und 1993 zu Ehren des Augsburger Bistumspatrons geweiht. Im Jubiläumsjahr 1955 konsekrierte Bischof Freundorfer die Ulrichskirche in *Kaufbeuren.* Im gleichen Jahr erfolgte die Grundsteinlegung in *Nersingen* (Dek. Neu-Ulm), zwei Jahre später die Weihe. Weitere Ul-

richskirchen wurden gebaut 1958 in *Söcking* (Dek. Starnberg), 1960 in *Walchensee* (Dek. Benediktbeuern), 1961 in *Feuchtwangen* (Dek. Nördlingen), wo tausend Jahre zuvor Ulrich mehrfach das bischöfliche Eigenkloster besucht hatte, 1963 in *Kempten-Süd* (Dek. Kempten), 1964 in *Neuburg a. d. Donau* (Dek. Neuburg), 1967 in *Bad Wörishofen* (Dek. Mindelheim) und 1974 in *Obermaiselstein* (Dek. Sonthofen). Die Grundsteinlegung hatte im Jubiläumsjahr 1973 stattgefunden. Zur Erinnerung an die 1000-Jahr-Feier der Heiligsprechung Ulrichs aber sollen 1993 Kirche und Pfarrzentrum St. Ulrich in *Dillingen-Ost* fertiggestellt und eingeweiht werden.

Literatur

A. Steichele, A. Schröder, F. Zoepfl, Das Bistum Augsburg, historisch und statistisch beschrieben Bd. II–IX, 1862–1939. – B. Harder, Die Ulrichspatrozinien im Bistum Augsburg, in: Jubiläums-Jahrbuch der Diözese Augsburg 955/1955, 1955, 39–41. – F. Zoepfl, Das Bistum Augsburg und seine Bischöfe im Mittelalter, 1955. – Kirchenzeitung des Bistums Augsburg 1959, Nr. 25, S. 431. – V. Müller, Überblick über den Kirchenbau im Bistum Augsburg 1946–1966, in: Das Münster 19 (1966), Heft 7/8. – A. Layer, 900 Jahre Ulrichskirche und Ulrichsbrunnen in Habach, in: Lech-Isar-Land 1973, 12–13. – L. Dorn, Die Verehrung des heiligen Ulrich im Allgäu, in: JABG 8 (1974), 85–95. – Das große Ulrichslob 1973, Erinnerung und Vermächtnis, 1974, 65, 71, 75, 89. – W. Pötzl, Augusta Sacra. Augsburger Patrozinien des Mittelalters als Zeugnisse des Kultes und der Frömmigkeit, in: JABG 9 (1975) 19–75. – Ders., Kultgeographie des Bistums Augsburg II–IV, in: JABG 10 (1976) 70–113; 11 (1977) 34–65; 14 (1980), 133–170. – I. Müller, Kloster Müstair, 1978, 26. – W. Liebhart, Die Reichsabtei St. Ulrich und Afra zu Augsburg. Studien zu Besitz und Herrschaft, 1982. – E. Kleindienst, 25 Jahre bischöflicher Dienst. Ein Beitrag zum 25. Bischofsjubiläum von Bischof Dr. Dr. h. c. Josepf Stimpfle, in: JABG 22 (1988) 27–30.

Die Ausbreitung der Ulrichsverehrung in den deutschen Diözesen

Hatte sich, wie die Miracula Sancti Udalrici bezeugen, wohl durch Mundpropaganda schon vor 993 die Kunde von dem heiligmäßigen Leben des Augsburger Bischofs über die Grenzen des Bistums verbreitet, so wurde dessen Verehrung durch die römische Heiligsprechung 993 und nicht zuletzt durch die Synode von Tribur 1036 offiziell bestätigt und gefördert. In der ehemaligen Kaiserpfalz von Tribur, rechtsrheinisch gegenüber Oppenheim gelegen, tagte im Mai 1036 unter dem Vorsitz von Kaiser Konrad II. eine Anzahl von Bischöfen, deren Namen allerdings nicht überliefert sind. Doch ist anzunehmen, daß Erzbischof Piligrim von Köln und der Augsburger Oberhirte Eberhard zu den Teilnehmern zählten. Diese erließen eine Reihe kirchlicher Disziplinargesetze und beschlossen u. a., daß künftig die „missa sancti Udalrici confessoris sollempniter zelebratur", mit anderen Worten frei formuliert: Der Todestag Ulrichs sollte feierlich begangen werden.

Der Erfolg dieser Anweisung läßt sich aus den vermehrten Einträgen Ulrichs in Kalendaren, Sakramentaren und anderen liturgischen Büchern auch außerhalb des Augsburger Bistums ersehen. Noch aus der Zeit vor der Jahrtausendwende, also vor der Synode, stammen das Wolfgangssakramentar in Regensburg, zwei Kalendare aus St. Gallen und Kempten und zwei Gedenkbücher für die Verstorbenen, sogenannte Nekrologien, aus dem Kloster Reichenau und aus Merseburg, dessen Bistumsgründung König Otto I. am Vorabend der Lechfeldschlacht 955 gelobt hatte. Sie alle vermerken für den 4. Juli das Gedächtnis des Bischofs Ulrich. Im 11. Jahrhundert häuften sich vor allem nach der Synode von Tribur diese Eintragungen, besonders in den Benediktinerklöstern innerhalb und außerhalb des Bistums Augsburg, u. a. in Amorbach, Benediktbeuern, Einsiedeln, Gengenbach, Göttweig, Lorsch und dessen Propstei Heiligenberg bei Heidelberg, in Murbach, Michelsberg/Bamberg, im Kanonissenstift Niedermünster in Regensburg und in Seeon.

Der Name Ulrich erscheint aber auch frühzeitig in liturgischen Schriften verschiedener west- und norddeutscher Benediktinerabteien und einzelner Chorherrenstifte. Genannt seien beispielsweise ein Kalendar in Fulda um das Jahr 1000, das Kalendarium in einem Psalterium des 11. Jahrhunderts aus dem Stift St. Simeon in Trier, das bereits 1757 von dem Trierer Weihbischof Nikolaus von Hontheim in seinem Prodomus Historiae Trevirensis diplomaticae et programaticae I nachgewiesen wurde, desgleichen ein Voll-Lektionar, ebenfalls 11. Jahrhundert, das aus der Echternacher Schule stammt, ein Evangeliar wohl aus St. Matthias in Trier, Anfang 12. Jahrhundert, ein Liber precum, Ende 15. Jahrhundert, das wahrscheinlich in einem niederdeutschen oder westfälischen Kloster Verwendung fand. Diese Handschriften liegen mit Ausnahme des Fuldaer Kalendars heute in der Trierer Dombibliothek.

Ein weiteres Kennzeichen einer wachsenden Ulrichsverehrung ist die Zahl der Patrozinien, die im gesamten bisher noch gar nicht erfaßt ist. Auch hier können in beschränktem Rahmen nur einige Hinweise auf die Pfarr- und Filialkirchen in den heutigen deutschen Diözesen gegeben werden, die dem heiligen Ulrich geweiht waren, gegenwärtig noch bestehen oder untergegangen oder umgewandelt worden sind.

Sehr unterschiedlich ist die Zahl der dem heiligen Ulrich geweihten Kirchen und Kapellen in den einzelnen Diözesen. Der Schwerpunkt liegt jedoch eindeutig innerhalb Deutschlands im süddeutschen Raum. Abgesehen vom Bistum Augsburg, wo naturgemäß die meisten Ulrichskirchen zu finden sind, tragen in der benachbarten Erzdiözese München-Freising etwa 45 Gotteshäuser den Namen des Augsburger Bistumspatrons, 31 sind es in Regensburg, 24 im heutigen Bistum Rottenburg-Stuttgart und 21 Kirchen und Kapellen in der Erzdiözese Freiburg. Keinerlei Spuren einer Ulrichsverehrung irgendwelcher Art lassen sich – jedenfalls bis zum gegenwärtigen Zeitpunkt – im Gebiet der Bistümer Limburg und Berlin und der Apostolischen Administratur Görlitz nachweisen. Was die übrigen Sprengel vor allem in den neuen Bundesländern betrifft, so ist der derzeitige Wissensstand ergänzungsbedürftig. Hier scheint es bis zur Reformation doch eine intensivere Ulrichsverehrung gegeben zu haben als man bisher angenommen hat. Das gilt beispielsweise für das Bischöfliche Amt Magdeburg.

Im übrigen wurde bei der nachfolgenden alphabetischen Auflistung der deutschen Diözesen auf die im Augenblick noch geltende kirchliche Organisation Bezug genommen, die geplante Errichtung der neuen Bistümer Erfurt, Magdeburg und Görlitz nicht berücksichtigt. Nach dieser Einführung soll nun zusammengefaßt der Ulrichskult in den einzelnen Diözesen, ausgenommen Augsburg, dargestellt werden.

Aachen

Im Bistum Aachen, das in seiner heutigen Gestalt erst durch das preußische Konkordat von 1929 errichtet worden ist, wurde der Ulrichskult nie gepflegt. Innerhalb dieses Sprengels gibt es nur in *Dülken,* jetzt Viersen-Dülken, eine bis in die Gegenwart lebendige Verehrung des Augsburger Heiligen. Dülken aber gehörte ursprünglich zum Kölner Großarchidiakonat Xanten und war seit 1352 dem Benediktinerkloster Gladbach (Mönchengladbach) inkorporiert, dessen Heiltumschatz Ulrichsreliquien enthielt. 1478 konsekrierte der Kölner Weihbischof Heinrich von Rübenach die Pfarrkirche in Dülken zu Ehren der Heiligen Cornelius und Ulrich. Dieser Titel blieb bis in die zweite Hälfte des 20. Jahrhunderts erhalten. 1967 wurde innerhalb der Pfarrei eine neue Vikarie errichtet und dem heiligen Ulrich gewidmet, während die Pfarrkirche jetzt nur noch den Titel Cornelius trägt.

Bereits in das Jahr 1457 führt die heute noch sehr aktive St.-Udalricus-Bruderschaft ihren Ursprung zurück, ohne jedoch eine Quelle dafür angeben zu können. Ein Visitationsbericht der Pfarrei Dülken von 1560 kennt diese Fraternität nicht. Davon abgesehen hat diese Schützenbruderschaft über Jahrhunderte hin das Andenken an den Augsburger Bistumspatron gepflegt. So galt in Dülken um 1600 der 4. Juli als Feiertag. Mehrere Ulrichsstatuen im Ort, eine Ulrichsfahne und die neue Königskette der Bruderschaft mit dem Bild und Kreuz des Heiligen weisen auf die besondere Verehrung Ulrichs hin, die 1989 auch der Bischof von Augsburg in einem Schreiben anerkannt und bestätigt hat. Erwähnt sei schließlich noch eine Ulrichsfigur aus dem 18. Jahrhundert in Birgden, Pfarrei St. Urban.

Literatur

O. Redlich, Jülich-Bergische Kirchenpolitik am Ausgang des Mittelalters und in der Reformationszeit Bd. 2. 1896, Nachdruck 1911, 166. – W. Stüwer, Die Patrozinien im Kölner Großarchidiakonat Xanten. 1938, 162, 369, 465. – Festschriften der St.-Udalricus-Bruderschaft von 1957, 1982 und 1989. – Computerauszüge aus dem Bistumshandbuch der Diözese Aachen.

Bamberg

Zwar erscheint Ulrich unter dem 4. Juli bereits in den ältesten Bamberger Festkalendern des 11. Jahrhunderts, dennoch gab es im Fürstbistum vor der Säkularisation wohl nur eine einzige Ulrichskirche in *Poppendorf,* Gem. Heroldsbach, Krs. Forchheim, die auch heute noch den Namen St. Ulrich trägt. Ihr Ursprung reicht in das 12. Jahrhundert zurück. Poppendorf wurde durch Eberhard von Wolfsberg und dessen Brudersöhnen 1188 dem Benediktinerkloster Michelfeld in der Oberpfalz übereignet; möglicherweise ist das Ulrichspatrozinium durch diese Abtei angeregt worden. Das Chor- und Turmuntergeschoß der heutigen katholischen Pfarrkirche stammt aus der Spätgotik, ebenfalls eine geschnitzte Ulrichsfigur von 1490/1500.
Abgegangen ist das Ulrichspatrozinium in *Insingen,* Krs. Ansbach, das in Verbindung mit Sebastian vor 1363 nachgewiesen war. Insingen lag bis 1807 im Gebiet des Fürstbistums Würzburg und wurde bei der Neuorganisation 1817 dem neuen Erzbistum Bamberg zugeordnet. Durch die Reformation im 16. Jahrhundert der evangelischen Konfession zugeführt, ist das Gotteshaus in Insingen, dessen Chorturm aus der Zeit um 1490 stammt, heute evangelische Pfarrkirche.
Lassen sich kaum Ulrichspfarreien nachweisen, so gibt es doch zahlreiche Notizen über Altarkonsekrationen zu Eh-

ren des heiligen Ulrich und über Ulrichsreliquien. Im *Bamberger Dom,* geweiht am 6. Mai 1012, befanden sich im rechten Seitenaltar des Westchors Reliquien des Augsburger Bischofs, desgleichen in der bischöflichen *Hofkapelle St. Thomas* in der Burg zu Bamberg, die Papst Benedikt VIII. im April 1020 konsekriert hat, ebenso im Nikolausaltar der Stiftskirche *St. Jakob* zu Bamberg, geweiht durch Bischof Otto I. den Heiligen am 25. Juli 1109.

Mehrfach lassen sich Ulrichsreliquien im Bereich des ehemaligen Benediktinerklosters *Michelsberg* in Bamberg nachweisen, so in der Torkapelle St. Oswald (1141), in der rechten Seitenkapelle beim Eingang der Michaelskirche (1331) und im Wolfgangsaltar des genannten Gotteshauses (17. November 1486). Am 20. Oktober 1475 konsekrierte Weihbischof Hieronymus von Reitzenstein OCist in St. Michael erneut den Ulrichsaltar, der wohl unter Abt Ulrich I. (1201–1212) errichtet, später aber geschändet worden war. Hier wurde u. a. eine Reliquie vom Trinkgefäß des heiligen Ulrich entdeckt und wieder eingemauert.

Außerhalb des Stadtgebietes gab es Ulrichsreliquien im linken Seitenaltar des Chores von *Michelfeld* in der Oberpfalz, geweiht am 6. Mai 1120, und im Nordaltar der Klarissenkirche *St. Klara in Nürnberg,* erwähnt anläßlich der Konsekration vom 26. April 1428 durch Fürstbischof Friedrich III. von Aufsess.

Schließlich sei noch auf die heute evangelischen Kirchen in *Eschenau* über Nürnberg und in *Nürnberg-Krafthof* verwiesen. In Eschenau wurde zwischen 1450 und 1475 der dritte Altar zu Ehren der Zehntausend Märtyrer und des heiligen Ulrich geweiht, und für Krafthof vermeldet eine Notiz, daß Weihbischof Petrus Ulmer von Schwäbisch Gmünd bei der Erneuerung der Kirchweihe am 20. Juni 1440 im Hauptaltar Ulrichsreliquien fand, die wieder eingemauert wurden.

Literatur

F. Hiller, Die Kirchenpatrozinien des Erzbistums Bamberg, 1932, 226–227. – W. Deinhardt, Dedicationes Bambergenses. Weihenotizen und -Urkunden aus dem mittelalterlichen Bistum Bamberg, 1936, Nr. 2, 4, 12, 15, 27, 51, 103 b, 122, 145, 153, 167. – A. Lagemann, Der Festkalender des Bistums Bamberg im Mittelalter, in: Historischer Verein Bamberg, 103. Bericht 1967, 136.

Dresden-Meißen

Die einzige katholische Ulrichsgedenkstätte in dieser Diözese befindet sich in *Weischlitz,* Gemeinde Plauen. Die dortige Ulrichskapelle wurde 1931 von dem aus Frauenriedhausen, Krs. Dillingen a. d. Donau, gebürtigen Augsburger Diözesanpriester Albert Erdle erbaut. Erdle, 1925 geweiht, war seit September gleichen Jahres als Kaplan in Plauen tätig und übernahm 1931 das Landessekretariat des Bonifatiusvereins in Bayern. Von 1942 bis 1962 leitete er als Generalsekretär den Bonifatiusverein in Paderborn. Bis zu seinem Tod am 17. Februar 1983 führte der Apostolische Protonotar den Titel eines Vizepräsidenten des Bonifatiusvereins.

In der vorreformatorischen Periode haben die Bewohner von *Schlettau* bei Annaberg/Sachsen ihre Stadtkirche St. Ulrich geweiht. Sie stammt im Kern aus der Zeit um 1400, dient heute der evangelischen Gemeinde als Pfarrkirche und führt noch den Namen St. Ulrich.

Des weiteren besteht eine evangelische Ulrichskirche in *Triptis,* das wohl ehedem zum Bistum Naumburg-Zeitz gehörte.

Außerdem lassen sich in diesem Raum noch zwei Ulrichsorte nachweisen: Ulrichsberg, Krs. Döbeln und Ulrichswalde, Krs. Stadtroda. Ob diese sich auf den Augsburger Bischof beziehen, ist fraglich.

Literatur

G. Reichelt, Die 1000-Jahr-Feier Bischof Ulrichs und die nach ihm benannten Kirchen, in: Berliner Sonntagsblatt Die Kirche. Evangelische Wochenzeitung für Berlin-Brandenburg 1973, Nr. 27.

Eichstätt

Noch zu seinen Lebzeiten pflegte Ulrich engen Kontakt zu Bischof Starchand von Eichstätt. Auch in den folgenden Jahrhunderten bestanden freundschaftliche Beziehungen zwischen Augsburg und Eichstätt. So gehörte Bischof Gundekar II. 1065 zu den Konsekratoren des Augsburger Mariendoms. Wohl nicht ohne Grund war diese Einladung erfolgt, hatte doch Gundekar wenige Jahre zuvor am 5. November 1060 im Eichstätter Dom einen Altar zu Ehren der Heiligen Ulrich und Gunthild geweiht, der im 15. Jahrhundert den Vierzehn Nothelfern umgewidmet wurde.

Ebenfalls von Bischof Gundekar II. wurde 1072 die Filialkirche in *Kevenhüll,* Gemeinde Beilngries, zu Ehren des heiligen Ulrich konsekriert. 1308 gelangten Kirche und Ort an das Hochstift Eichstätt, 1413 erfolgte die Stiftung einer Frühmesse, und 1496 erhielt Kevenhüll quasipfarrliche Rechte. Ein Kirchenneubau kam 1739 zustande.

Als Pertinenzpatrozinium von St. Ulrich und Afra in Augsburg gilt das Ulrichspatrozinium in *Gundelsheim,* Krs. Weißenburg-Gunzenhausen, das neben Kevenhüll zu den ältesten im Bistum Eichstätt zählt. Zwischen 1070 und 1080 schenkte wohl Pfalzgraf Rapoto V. Güter in Gundelsheim an das Augsburger Kloster, das dort weiteren Grundbesitz von Adalbert von Dambach erwarb. 1177 bestätigte Papst Alexander III. dem Stift diese Güter nebst der Kirche.

Wechselvoll ist die Geschichte der Ulrichspfarrei in *Buchdorf,* Krs. Donau-Ries. Die ursprüngliche Filialkirche von

Baierfeld stammt in Resten aus dem 14. Jahrhundert. 1444 stiftete die Gemeinde eine Frühmesse. Zwischen 1545 und 1618 evangelisch, wurde Buchdorf wieder dem katholischen Ritus zugeführt, 1736 erweitert und 1767 mit einem neuen Hochaltar ausgestattet, dessen Gemälde die Lechfeldschlacht darstellt.

In näherer Umgebung von Buchdorf findet sich noch eine Ulrichskapelle in *Reichertswies,* Pfarrei Baierfeld. Sie wurde 1925 restauriert und benediziert, dient allerdings nur der Privatandacht.

Das Ulrichspatrozinium der romanischen, um 1200 erbauten Filialkirche in *Breitenfurt,* die zur Pfarrei Dollnstein gehört, geht wohl auf die Grafen von Hirschberg zurück, die zwischen 1186 und 1305 im Besitz von Dollnstein waren.

Insgesamt bestehen heute in der Diözese Eichstätt nur noch fünf Kirchen und Kapellen, die das Andenken an den Augsburger Heiligen bewahrt haben. Umgewandelt, bzw. abgegangen sind folgende Gotteshäuser: Die Pfarrkirche St. Ulrich in *Röttenbach* bei Schwabach erhielt ihre Weihe unter Bischof Otto von Eichstätt zwischen 1182 und 1195. Das Patrozinium geht möglicherweise auf die Herren von Ellingen zurück, die 1250 dem Deutschorden ihre Güter zu Röttenbach übergaben. 1638 wurde ein Neubau errichtet, nach dem Zweiten Weltkrieg das Patrozinium in „Maria Königin“ umgewandelt.

Die alte Filialkirche St. Ulrich in *Kirchenreinbach* dürfte die ursprüngliche Pfarrkirche von Kirchenreinbach-Etzelwang gewesen sein. Der erste Bau stammte aus dem Mittelalter und wurde 1450 zerstört, der Pfarrsitz nach Etzelwang verlegt. Das neue Gotteshaus, seit 1545 der Reformation zugeführt und 1754 erweitert, diente bis 1968 als Simultankirche den katholischen und evangelischen Gläubigen zum

Gottesdienst. Noch heute erinnert eine spätgotische Statue des Augsburger Bischofs an den Patron von Kirchenreinbach, der bei der Bevölkerung bis zur Gegenwart nicht vergessen ist.

Gleichfalls evangelisch wurde in der Reformation die Pfarrei St. Ulrich in *Thalmannsfeld,* Krs. Weißenburg-Gunzenhausen, die seit 1379 dem kleinen Kollegiatstift in Hilpoltstein inkorporiert war.

Abgegangen ist die ehemalige Ulrichskirche *Laabermühle* in der Pfarrei St. Leonhard in Waltersberg, Gemeinde Deining, Krs. Neumarkt/Oberpfalz. Hier bestand um 1480 eine lokale Ulrichswallfahrt. Später dem evangelischen Kultus zugehörig, wurde die Kirche 1930 aufgelassen. Der Hochaltar mit einem Ulrichsbild befindet sich heute im Eichstätter Bildungshaus Schloß Hirschberg.

Literatur

K. Puchner, Patrozinienforschung und Eigenkirchenwesen mit besonderer Berücksichtigung des Bistums Eichstätt, 1932. – F. X. Buchner, Das Bistum Eichstätt, historisch und statistisch beschrieben, 2 Bde., 1937/38. – G. Heidecker (Hg.), Evangelisch-lutherisches Dekanat Sulzbach-Rosenberg, 1990, 55–57.

Erfurt-Meiningen, Bischöfliches Amt

Gibt es in diesem Sprengel für die Gegenwart auch keinen Hinweis auf einen bestehenden Ulrichskult, so lassen sich für die vorreformatorische Zeit, in der dieses Gebiet im großen und ganzen zum Erzbistum Mainz gehörte, eine Reihe von Ulrichskirchen nachweisen. Sie reichten teilweise bis ins 11. und 12. Jahrhundert zurück und behielten überwiegend auch nach der Übernahme der evangelischen Konfession noch für lange Zeit ihr Patrozinium bei. Erst im

20. Jahrhundert ist es vielfach abgegangen. So waren in diesem Raum folgende Gotteshäuser dem Augsburger Bischof und Reichsfürsten geweiht, deren Geschichte noch im Detail zu untersuchen wäre:
Vachdorf bei Meiningen, *Hochdorf* bei Weimar, *Neukirchen* bei Eisenach, *Aspach* bei Gotha, *Suhl-Heinrichs* (um 1100), *Mäbendorf* bei Suhl, *Eigenrieden* bei Mühlhausen (vielleicht schon vor 1100), *Weberstedt* bei Langensalza, *Kindelbrück, Urbich* bei Erfurt und *Alach,* ebenfalls bei Erfurt gelegen.
Als Gründe für diese Häufung der Ulrichspatrozinien könnte man wohl das hohe Ansehen Ulrichs bei den sächsischen Kaisern nennen, die die Ostbesiedlung vorangetrieben und gefördert haben. Auffällig ist zugleich die Parallele zur Südostgrenze des Reiches in Kärnten und Steiermark, wo sich ebenfalls eine verstärkte Ulrichsverehrung belegen läßt. Die Erinnerung an den Einsatz Ulrichs bei der Lechfeldschlacht und dem nachfolgenden Wiederaufbau des schwäbischen Landes könnte auch die Bewohner der östlichen Grenzgebiete in Thüringen und Sachsen ermuntert haben, den Augsburger Bischof zum Vorbild und Schutzpatron ihrer Städte und Dörfer zu erwählen.

Literatur

J. Dreyhaupt, Pagus Neletici et Nudzici oder Beschreibung des zum Herzogtum Magdeburg gehörigen Saalkreises I. 1755. – J. Koch, Geschichte und Kult des heiligen Ulrich, 1875. – G. Reichelt, Die 1000-Jahr-Feier Bischof Ulrichs und die nach ihm benannten Kirchen, in: Berliner Sonntagsblatt Die Kirche. Evangelische Wochenzeitung für Berlin-Brandenburg 1973, Nr. 27.

Essen

In dem 1957 errichteten Bistum Essen, das durch Abtretungen der Erzdiözesen Köln und Paderborn und der Diözese Münster gebildet worden ist, gibt es keine Hinweise auf eine Ulrichsverehrung. Ulrichsreliquien wurden dagegen schon frühzeitig in dem vor 870 gegründeten Damenstift Essen aufbewahrt. 1983 entdeckte man mehrere Reliquienbehälter, die aus den früh- und spätmittelalterlichen Altären der Essener Stiftskirche stammten und die z. T. namentlich gekennzeichnet waren. Die Schriftzüge deuten auf das ausgehende 10. oder beginnende 11. Jahrhundert hin. Unter anderem findet sich der Name Othelrici. Es wird angenommen, daß die Essener Äbtissin Mathilde, eine Tochter des Schwabenherzogs Liutolf und eine Enkelin Ottos I., diese Altarreliquien kurz nach der Heiligsprechung Ulrichs 993 erhalten hat. Daß Mathilde Bischof Ulrich besonders verehrt haben mag, ist nicht von der Hand zu weisen, gehörte Ulrich von Augsburg doch zu den Zeugen, die 947 alle Schenkungen des Stifts Essen bestätigten. Vor allem aber war es Ulrich gewesen, der 954 im Streit zwischen ihrem Vater und dem Großvater erfolgreich vermittelt und einen Waffengang verhindert hatte.

Literatur

R. Köpke u. E. Dümmler, Kaiser Otto der Große, 1876, 290, 551. – Freundliche Mitteilung von H. Wilhelm Bettecken von der Diözesanstelle Geschichte des Bistums Essen.

Freiburg

Das Erzbistum Freiburg im Breisgau wurde erst 1821 im Zuge der politischen und kirchlichen Neuorganisation Deutschlands errichtet. Es setzt sich zusammen aus abgetrennten Gebieten der ehemaligen, bzw. heute noch bestehenden Bistümer Konstanz, Mainz, Speyer, Straßburg, Worms und Würzburg. Wenn wir den Spuren der heute in der Erzdiözese vorhandenen Ulrichspatrozinien von 13 Pfarr-, zwei Filialkirchen und sechs Kapellen nachgehen, so ergibt sich, daß 15 dem heiligen Ulrich geweihte Gotteshäuser in dem ehemaligen konstanzischen Gebiet lagen, während vor der Säkularisation je zwei zu Speyer und Straßburg und je eines zu Worms und Würzburg gehörten. Zählt man die Ulrichspatrozinien in der Diözese Rottenburg-Stuttgart hinzu, dann zeichnet sich das einstige Fürstbistum Konstanz als das Zentrum der Ulrichsverehrung im südwestdeutschen Raum ab. Nachdem die Ulrichspfarreien der Erzdiözese Freiburg bereits in der Augsburger Festschrift von 1973 näher behandelt wurden, seien hier nur einige Ergänzungen geboten.

Ursprünglich waren es vor allem Filialkirchen auf dem Land, die man dem Augsburger Bistumspatron gewidmet hat. Ihre Aufwertung zu Pfarrkirchen erfolgte großenteils erst im 19. und 20. Jahrhundert. Beispielsweise genannt seien: *Beuren,* Gem. Salem-Beuren, 1163 erstmals erwähnt. – *Nenzingen,* Gem. Orsingen-Nenzingen, Erstnennung 1418, Nebenpatron im 18. Jahrhundert Johannes Nepomuk. – *Öflingen,* Gem. Wehr-Öflingen, vor 1275 genannt, Nebenpatron St. Wolfgang. Auch die Friedhofskapelle ist St. Ulrich gewidmet. – *Rulfingen,* Gem. Mengen-Rulfingen, vor 1275 errichtet, Ulrich um 1420 als Patron nachgewiesen. – *Obereschach,* Gem. Villingen-

Schwenningen, um 1275 bezeugt, 1430 Patronatspfarrei der Ordenskomturei Villingen, Neubau der Kirche 1821 mit Ulrichsrelief von Franz Xaver Marmon († 1878). Vor der Reformation bereits als Pfarrkirchen wurden die Ulrichskirchen in *Güttingen,* Gem. Radolfzell, in *Schenkenzell,* Krs. Rottweil, in *Schwandorf,* Gem. Neuhausen ob. Eck, in *Oberhausen,* Gem. Rheinhausen, Krs. Emmendingen und in *Thannheim,* Gem. Bisingen bezeichnet, die alle im Gebiet des ehemaligen Fürstbistums Konstanz lagen.
Zu Speyer gehörten ehedem die heutigen Pfarreien St. Ulrich in *Mörsch,* Gem. Rheinstetten und zum Bistum Straßburg *Nordrach,* Ortenaukreis, und *Neuried*-Müllen, ebenfalls Ortenaukreis.
Im Bereich des ehemaligen Würzburger Bistumsanteils der Erzdiözese Freiburg läßt sich nur eine Ulrichskapelle in *Ballenberg,* Gem. Ravenstein nachweisen.
Erwähnenswert ist noch die Ulrichskirche in *Neckarhausen,* ehemals Bistum Worms, die in der Pfarrei St. Laurentius in Horb liegt. In Neckarhausen hatte das Benediktinerkloster Muri, in dessen Besitz der Weiler zwischen 1742 und 1803 war, eine Ulrichskapelle errichten lassen, die 1772 geweiht, 1891 auf den Friedhof von Betra versetzt und 1971 abgebrochen wurde. An ihrer Stelle erbaute man 1891 eine große Ulrichskapelle im neugotischen Stil. Eine Statue über dem Portal und ein Glasfenster weisen auf den Patron hin. Ein „steinerner Brotlaib" an der Rückwand der Kirche erinnert an eine alte Sage, die in Verbindung mit Ulrich steht: In großer Notzeit bat ein Armer im Schloß von Neckarhausen um ein Stück Brot. Doch die Herrschaft verweigerte ihm die Gabe. Daraufhin wurde das einzige noch vorhandene Brot in einen Stein verwandelt. Das Schloßfräulein aber machte reumütig eine Armenstiftung auf dem Ulrichsaltar. Seitdem war es bis ins 20. Jahrhun-

dert Brauch, am 4. Juli Brot und Geld an die Bedürftigen von Betra und Neckarhausen zu verteilen.
Auch als Ortspatron wird St. Ulrich im Freiburger Erzbistum verehrt und zwar in *Klettgau-Geißlingen,* Krs. Waldshut und in der Stadt *Östringen,* Krs. Karlsruhe, die vor der Säkularisation zu Speyer gehörte. Hier stellte man erst 1984 wieder die Kopie einer Ulrichsstatue, deren Original sich in der Pfarrkirche befindet, am Giebel des alten Rathauses auf. Auch kennt die Gemeinde ein eigenes Ulrichslied, das mit den Sätzen beginnt: „Gott im Himmel wolln wir loben, froh in seinen Heiligen heut. Bischof Ulrich uns von oben starke Hilf und Fürsprach beut . . .“ Wie lebendig diese Ulrichsverehrung bis zur Gegenwart ist, zeigt ferner das Bemühen, eine alte Ulrichskapelle im Umland von Östringen wieder der Vergessenheit zu entreißen. Sie stand im abgegangenen Gut Eberhardsweiler, das bereits 1414 „St. Ulrichs Marke by Östringen“ genannt und von den Benediktinern von Odenheim seelsorgerlich betreut wurde. Im folgenden Jahrhundert verödet, erinnerten nur noch die Namen „Ulrichsbruch“ und „Ulrichsberg“ an die eingefallene Kapelle, die 1837 vollends abgebrochen wurde. Es bestehen gegenwärtig Initiativen, diese Ruine freizulegen und möglicherweise wieder eine Ulrichskapelle zu errichten.
Schließlich sei noch auf abgegangene Ulrichskirchen hingewiesen, die infolge der Reformation ihr Patrozinium verloren haben: *Kälbertshausen* bei Neckarbischofsheim, wo seit 1150 eine Kirche den Heiligen Nikolaus und Ulricus geweiht war, *Babstadt* und *Neckargemünd* im Rhein-Neckar-Kreis, die ehedem zum Bistum Worms gehörten. Das Patronat über die alte Ulrichspfarrei in Neckargemünd lag bis zur Reformation in den Händen des Zisterzienserklosters Schönau bei Heidelberg. Um 1650 ist das Ulrichspatrozi-

nium untergegangen, die evangelische Kirche trägt heute den Namen St. Markus. Doch hält die katholische Gemeinde St. Johannes Nepomuk die Erinnerung an den ursprünglichen Patron wach. So sind seit 1957 eine Glocke und seit 1982 das Gemeindehaus St. Ulrich von Augsburg geweiht.

Literatur

H. Öchsler, Die Kirchenpatrone in der Erzdiözese Freiburg (= Freiburger Diözesanarchiv NF Bd. 8) 1907. – H. Schmitt, Die Patrocinien der Kirchen und Kapellen im ehemaligen Bistum Worms, in: Wormatia Sacra. Beiträge zur Geschichte des ehemaligen Bistums Worms, 1925, 118. – L. Clemm, Zur Topographie der Diözese Worms im Mittelalter, in: Beiträge zur Hessischen Kirchengeschichte 9 (1931) 408. – Handbuch der Erzdiözese Freiburg/Realschematismus Bd. I, 1939. – L. Dorn, St. Ulrich in der Volksüberlieferung des ehemaligen Bistums Konstanz, in: JABG 7 (1973) 118–120.
Zu Neckarhausen: Lehr- und Lesebuch für die Oberstufe in Volksschulen (Baden), 1889, 109. – Die Kunstdenkmäler Hohenzollerns, 1939, 243–244. – E. Rieble, Sehen und Entdecken im Kreis Rottweil, o. J. 125.
Zu Östringen: Th. Brauch, Östringen, Geschichte einer Stadt, 1982, 103–111. – Östringer Stadtnachrichten 1984, Nr. 6.

Fulda

Bereits im Jubiläums-Jahrbuch der Diözese Augsburg 955/1955 sind die Verbindungen zwischen Bischof Ulrich und Fulda eingehend behandelt worden. Dieser Aufsatz wird dem folgenden Beitrag zugrundegelegt. Ulrich besaß enge Beziehungen zu Fulda, besonders zu Abt Werinhar, der von 968 bis 982 dem Kloster vorstand. Auf dessen Bitten konsekrierte der Augsburger Bischof an einem 2. Juni zwischen 968 und 972 die Königskapelle St. Johann Bapt. in Fulda. Als Weihetermin könnte man ehestens den 2. 6. 972 vermuten, da dieses Datum auf einen Sonntag fiel, den bevorzugten Tag für eine Kirchweihe. Die Königskapelle lag ostwärts der Salvator-Basilika und bildete den Abschluß des sogenannten Paradieses, d. h. des mit Mauer und Säulengang umfriedeten Vorhofes. Werinhar, so wird angenommen, habe diese königliche Kapelle „aus Anregung Sanct Udalrici“ gebaut, der selbst etwa zehn Jahre zuvor die Johanneskirche in Augsburg hatte errichten lassen. Wenn auch die mehrfach geäußerte Vermutung nicht zutrifft, daß zwischen Ulrich und Werinhar verwandtschaftliche Beziehungen bestanden, so hat der Augsburger Bischof doch den Abt von Fulda, der 969 vom Papst zum Primas aller Äbte in Germanien und Gallien bestellt worden war, hoch geschätzt und ihn zu seinem Nachfolger in Augsburg gewünscht. Gelangte Werinhar auch nicht auf den Augsburger Bischofsthron, so hielten er und seine Nachfolger die Erinnerung an den großen schwäbischen Oberhirten im Kloster wach. Davon zeugen die Eintragungen in den Annales necrologici Fuldenses und ein Fuldaer Kalendar aus dem Beginn des 11. Jahrhunderts, die barocke Ulrichsstatue im Kreis der bischöflichen Mitbrüder am Bonifatiusgrab, aber auch das Ortspatronat in Hünfeld.

In *Hünfeld,* einer Kleinstadt des alten Hochstifts Fulda, galt Ulrich seit altersher als Ortspatron. Hier läßt sich seine Verehrung bis 1453 zurückverfolgen. In einer Jahrtagstiftungsurkunde zum Ulrichstag heißt es, daß dieses Fest stets „herrlich und löblich“ mit Amt und Prozession begangen wurde. Als besonderes Kleinod trug man eine „Ulrichsstola“ und einen Manipel des Heiligen mit. Diese Reliquien sind heute nicht mehr vorhanden, dagegen hat sich das alte Stadtsiegel aus dem 16./17. Jahrhundert mit der Darstellung des Bischofs erhalten, das die Stadt erneut seit 1955 führt. Außerdem besteht in der Pfarrei St. Jakobus ein Altenheim St. Ulrich, und 1964 wurde eine zweite Pfarrei errichtet, die dem heiligen Ulrich geweiht ist.

Noch ein weiteres Ulrichspatrozinium läßt sich in der Filialkirche *Bischhausen* bei Eschwege nachweisen. Dieser Ort gehörte aber ursprünglich zum Archidiakonat Heiligenstadt des alten Erzbistums Mainz. Es war von der Stifterfamilie der Benediktinerabtei Bursfelde, den Grafen von Northeim, frühzeitig dem Kloster übereignet worden, ging aber 1446 bis 1585 in den Besitz der Herren von Boyneburg über. Das Ulrichspatrozinium ist höchstwahrscheinlich von den Bursfelder Benediktinern angeregt worden.

Literatur

W. Classen, Die kirchliche Organisation Althessens im Mittelalter. 1929, 260. – L. Pralle, St. Ulrich in Fulda, in: Jubiläumsjahrbuch der Diözese Augsburg 955/1955. 1955, 42–47.

Hildesheim

Die heutigen Grenzen der Diözese Hildesheim gehen im großen und ganzen auf die Neuorganisation im Jahr 1824 zurück, nochmals vergrößert 1834 um den östlich der Okker gelegenen Teil des Herzogtums Braunschweig und 1929 um den Kreis Grafschaft Schaumburg. Dieses weiträumige Gebiet war bis zum 16./17. Jahrhundert mehreren Bistümern zugeordnet: Im Norden dem Erzbistum Hamburg-Bremen, im Nordwesten dem Bistum Minden, im Süden dem Erzbistum Mainz und im Osten Halberstadt. Hildesheim selbst beschränkte sich auf den Raum von Goslar im Süden bis Celle im Norden, und von Hannover im Westen bis Braunschweig im Osten. Die Kenntnis dieser mittelalterlichen Kirchenorganisation ist Voraussetzung, um die verhältnismäßig starke Ulrichsverehrung im Raum der heutigen Diözese Hildesheim verstehen zu können, die allerdings in der Reformation fast ganz abgegangen ist. Als

Initiatoren des Ulrichskults in diesem Gebiet können wohl die ottonischen und salischen Herrscher, aber auch Adelige, z. B. die Grafen von Northeim, und verschiedene Bischöfe der genannten Bistümer gelten.
Im ursprünglichen Bistum Hildesheim verlegte Heinrich II. bald nach seinem Regierungsantritt die königliche Pfalz von Werla nach *Goslar.* Hier wird bereits 1019 eine Pfalzkapelle Udalricus erwähnt, in der 1056 das Herz Kaiser Heinrichs III. beigesetzt wurde. Das 1873 restaurierte Kaiserhaus und die Ulrichskapelle, heute evangelisch, sind noch erhalten.
Zu den frühen Ulrichspatrozinien im alten Bistumsgebiet von Hildesheim gehört ferner die romanische Pfarrkirche St. Ulrici in *Braunschweig,* die der Überlieferung nach bereits um 1036 von Bischof Godehard konsekriert worden sein soll. Nach neueren Forschungen ist das Ulrichspatrozinium erst gegen Ende des 13. Jahrhunderts urkundlich belegt. Diese Kirche, auf dem Westufer der Ocker am Kohlmarkt gelegen, besaß im ausgehenden Mittelalter 15 Altäre. Das Patronat gehörte zunächst dem Kapitel der Stiftskirche St. Blasien, lag aber seit 1420 bei den Herzögen von Braunschweig. Zu Beginn des 16. Jahrhunderts baufällig geworden, wurde die Ulrichskirche nach Einführung der Reformation 1544 abgebrochen, der Ulrichsgemeinde die ehemalige, seit 1529 von den Bettelmönchen verlassene Franziskaner- oder Brüdernkirche zugewiesen. Diese evangelische Kirchengemeinde Brüdern/St. Ulrici besteht bis zur Gegenwart und ist „von einer Tradition geprägt, die hochkirchliche liturgische Formen mit einer festen Verwurzelung im lutherischen Bekenntnis verbindet" (Rheinischer Merkur).
Ferner sind ein Altarpatrozinium des heiligen Ulrich 1254 im Braunschweiger Dom (alte Stiftskirche St. Blasien) und

im ehemaligen Zisterzienserinnenkloster *Amelunxborn* (Negenborn-Amelungsborn) nachgewiesen. Ursprünglich St. Ulrich geweiht war auch der Vorgängerbau der heute evangelischen Kirche in *Haimar,* Gem. Sehnde-Haimar, Krs. Hannover.
Im Gebiet, das ehemals zum Erzbistum Hamburg-Bremen gehörte, wurden in *Harsefeld,* Krs. Stade, Anfang des 12. Jahrhunderts Turm und Altar der heutigen evangelischen Kirche von Otto von Northeim zu Ehren des heiligen Ulrich gestiftet.
Zum Bistum Minden gehörte *Dorfmark,* Krs. Fallingbostel. Um 980 gegründet, läßt sich hier im Mittelalter eine Verehrung Ulrichs nachweisen. Die heutige evangelische Kirche aus dem Jahr 1708, auf den Fundamenten eines gotischen Vorgängerbaus errichtet, besitzt einen Altar aus der Zeit von 1470/75 mit Schnitzfiguren, die wohl Ulrich und Martin darstellen sollen. Eine genaue Verifizierung ist nicht möglich, da Attribute fehlen. Schon 1434 kommt dem 4. Juli als Kirchmeßtag und Markttag besondere Bedeutung zu. Ob Ulrich tatsächlich Kirchenpatron von Dorfmark war, wird von der modernen Patrozinienforschung bezweifelt, auf jeden Fall aber galt er als Patron des Hochaltars.
Im Gebiet östlich der Ocker, das ursprünglich zu Halberstadt gehörte, wurde 1509 in Klein-Winnigstedt, Krs. Wolfenbüttel, eine Ulrichsglocke geweiht.
Mehrfache Hinweise auf eine Ulrichsverehrung lassen sich im ehemals Mainzer Bistumsanteil aufspüren. Hier gab es in *Westerdorf,* Krs. Osterode, früher eine Ulrichskapelle. In diesem Raum besteht auch noch die einzige katholische Ulrichskirche in der heutigen Diözese Hildesheim, und zwar in der Stadt *Moringen,* Krs. Northeim. Sie wurde 1959 mit Hilfe des Bonifatiusvereins gebaut und am 19./20. De-

zember 1959 durch Bischof Heinrich Maria Janssen konsekriert. Mit der Namensgebung griff die junge Gemeinde, deren Glieder in der Mehrzahl aus Ober- und Niederschlesien stammen, eine alte Tradition auf. Bereits im 12. Jahrhundert bestand östlich von Moringen, das damals zum Erzbistum Mainz gehörte, eine Kapelle St. Crux et Udalricus. Eigenartigerweise lag das Patronatsrecht dieser Kapelle zunächst bei den Bischöfen von Paderborn, bis es vor 1300 in die Hände der Herren von Rosdorf überging. Die Lage der alten Ulrichskapelle läßt sich durch eine Urkunde von 1488 lokalisieren, mit der St. Ulrich als Filiale der Pfarrei St. Marien in Moringen zugeordnet wurde. Hier heißt es: St. Ulrich am Dykwelle, d. h. am Deichwall. 1542 wurde in Moringen die Reformation eingeführt, 1564 die Ulrichskapelle abgebrochen. Überreste des Mauerwerks, u. a. ein Stein mit der Jahreszahl 1134, haben sich im Keller der nahegelegenen Deichwallmühle erhalten.

Literatur

H. Wollermann, Aus dem kirchlichen Leben Braunschweigs, 1898, 47–48. – H. W. Krumwiede (Hg.), Die mittelalterlichen Kirchen- und Altarpatrozinien Niedersachsens, 1960; Ergänzungsband, hrsg. von der Gesellschaft für Niedersächsische Kirchengeschichte, 1988. – J. Diestelmann u. J. Kettel, Die Brüdernkirche in Braunschweig, o. J. – G. Liehr, Die St.-Ulrichsgemeinde in Moringen, 1971. – J. Guhde, Reformation in Braunschweig, in: Rheinischer Merkur Nr. 37 vom 15. 9. 1978. – W. Ohlmer, 1000 Jahre Moringen 983–1983, Chronik, 1983.

Köln

Die Ulrichsverehrung im Erzbistum Köln begann unmittelbar nach der Synode von Tribur im Mai 1036. Der neue Erzbischof Hermann II., ein Sohn des Pfalzgrafen Ezzo und der Mathilde, einer Schwester Kaiser Ottos III., war weitläufig mit Ulrich verwandt, und er führte noch im gleichen Jahr das Fest des Augsburger Heiligen in seinem Sprengel ein. Vom 11. Jahrhundert an lassen sich Spuren der Ulrichsverehrung bis zur Gegenwart verfolgen. In der *Stadt Köln* wurden bei der Weihe der Kirche St. Maria im Kapitol 1065 in den Hochaltar u. a. Reliquien des heiligen Ulrich eingeschlossen, desgleichen 1210 bei der Konsekration der Pfarrkirche St. Johann Baptist. Ulrichsreliquien sind ferner nachgewiesen im Stift St. Aposteln seit 1225, im Karmelitenkloster Severinstraße, im Augustiner-Nonnenkloster St. Maximin und im Stift St. Gereon. Das dortige Reliquienverzeichnis aus dem 16. Jahrhundert nennt eine kleine Ebenholzbüchse mit etwas Erde (aus dem Augsburger Ulrichsgrab), in die eine kleine Reliquie eingebettet war. Eine Ulrichsstatue am Nordportal des Doms und ein Bild auf dem linken Flügel des Triptychons des Hochaltars von St. Andreas aus dem ausgehenden 15. Jahrhundert zeugen ebenfalls von einer ununterbrochenen Ulrichsverehrung in der Stadt. 1322 gab es in St. Ursula einen Ulrichsaltar, und 1715 wurde im Augustiner-Nonnenkloster „Zum Lämmlein“ auf der Burgmauer ein Josefsaltar geweiht, zu dessen angeführten Mitpatronen zählte auch St. Ulrich.

Im heutigen Erzbistum erinnern noch drei Kirchenpatrozinien an St. Ulrich. In *Weiler in der Ebene,* nordöstlich von Zülpich gelegen, wird erstmals 1462 eine Kapelle genannt, doch gab es wohl schon im 13. Jahrhundert Vorgängerbauten. Über den Patron ist aus jener Zeit nichts bekannt, doch war die letzte 1889 abgebrochene Kapelle dem heiligen Ulrich geweiht. Es ist zu vermuten, daß dieses Patrozinium weit in die Vergangenheit zurückreicht. 1892 erhielt der Neubau wiederum Ulrich zum Patron. Seine Verehrung ist in der Rektoratskirche bis heute lebendig. 1955 schaffte die Gemeinde eine Ulrichsglocke an und erbat 1958 eine Ulrichsreliquie aus Augsburg. – In *Sindorf,* heute Kerpen-Sindorf/Erftkreis, ist das Ulrichspatrozinium der alten Pfarrkirche seit 1661 bezeugt. Doch scheint es weiter in die Vergangenheit zurückzureichen. Ein Visitationsprotokoll von 1754 führt eine große Ulrichsglocke von 1454 und eine weitere von 1670 an. Hier gab es ferner aus der Zeit von 1680 ein Reliquiar, das ein kleines Stück Stoff von einer Ulrichskasel und Erde vom Grab des Heiligen barg. Bis zur Gegenwart ist Ulrich in Sindorf nicht in Vergessenheit geraten, obwohl die neue Pfarrkirche (1956) Maria Königin geweiht ist. Davon zeugen die Ulrichsschützen, die St.-Ulrichs-Schule und die Ulrichsstraße. – Gleiches gilt für *Buschbell,* heute Frechen-Buschbell/Erftkreis. Auch hier ist das Ulrichspatrozinium der alten Pfarrkirche erst 1676 urkundlich bezeugt, kann aber mit Gewißheit beträchtlich zurückdatiert werden. Bereits 1512 ist eine Ulrichsglocke nachgewiesen. Noch im 19. Jahrhundert wurde ein Ebenholzkästchen erwähnt, in dem sich „ein ganzes Glied vom Armgebein und das Bischofskreuz“ des heiligen Ulrich befunden haben sollen. Hingewiesen sei schließlich auf ein Ulrichsfenster, das 1944 von Georg Meistermann in Solingen entworfen worden ist. Nachdem die 1741 erbaute Kirche in den Besitz der evangelischen Gemeinde übergegangen ist, wurde das Ulrichspatrozinium auf die 1964 neu errichtete katholische Pfarrkirche übertragen.

Literatur

Ae. Gelenius, De... Magnitudine Coloniae... Köln 1645, 483, 547. – W. Esser, Geschichte der Pfarrei St. Johann Baptist in Köln, 1885, 215. – R. Rosellen, Geschichte der Pfarreien des Dekanates Brühl, 1887, 161–163. – P. Clemen (Hg.), Die Kunstdenkmäler der Rheinprovinz Bd. I, 1897, 111–113. – F. Helmken, Der Dom zu Koeln, 1905, 94. – P. Clemen (Hg.), Die Kunstdenkmäler der Stadt Köln Bd. IV, 1916, 80. –

F. Oediger (Bearb.), Die Regesten der Erzbischöfe von Köln im Mittelalter, 1954, Nr. 506, 750, 775. – P. Heusgen, Das Dekanat Zülpich (= Geschichte der Pfarreien der Erzdiözese Köln Bd. III), 1958, 381–387. – Handbuch des Erzbistums Köln Bd. I, 1966, 164, 199, 258. – F. Firminich, St. Andreas in Köln, 1971, 17. – G. Wegener, Geschichte des Stiftes St. Ursula in Köln, 1971, 220. – K. Honings, Im Meer der Zeit, Eine Geschichte Sindorfs, 1984. – R. Kroos, Vom Umgang mit Reliquien, in: Ornamenta Ecclesiae. Kunst und Künstler der Romanik 3. Ausstellungskatalog, 1985, 35. – Evangelische Kirchengemeinde Frechen (Hg.), Alte Kirche in Buschbell, 1987. – Besonderer Dank sei H. Dr. Ulrich Helbach vom Historischen Archiv des Erzbistums Köln für freundliche Unterstützung gesagt.

Magdeburg, Bischöfliches Amt

Das Bischöfliche Amt Magdeburg wurde 1949 in der heutigen Form errichtet. Es umfaßt ein Gebiet, das bis zur Reformation u. a. zum alten Erzbistum Magdeburg und zu den Bistümern Merseburg, Naumburg-Zeitz und Meißen gehörte. Zahlreiche Spuren einer einst lebendigen, jetzt aber untergegangenen Ulrichsverehrung lassen sich in diesem Raum nachweisen, die hier allerdings nur angedeutet werden können und einer näheren Untersuchung bedürfen. 937 weilte Ulrich anläßlich der Errichtung des Moritzklosters persönlich in Magdeburg. Adalbert, 968 zum ersten Erzbischof des von Otto I. gegründeten Erzbistums geweiht, hatte noch 972 auf der Synode von Ingelheim Ulrich kennengelernt, und Erzbischof Gisilher war zusammen mit dem Augsburger Oberhirten Liutold bei der Dom- und Altarweihe in Halberstadt anwesend.
Noch im 11. Jahrhundert wurde die Altstadt von *Magdeburg* durch die Gründung einer Ulrichspfarrei, deren Kirche 1120 nachgewiesen ist, erweitert. 1631 zerstörten die kaiserlichen Truppen das inzwischen evangelisch gewordene Gotteshaus. Es wurde wieder aufgebaut, jedoch im

Zweiten Weltkrieg erneut in Trümmer gelegt und 1956 abgetragen. Die evangelische Gemeinde St. Ulrich besteht heute nicht mehr.

Ebenfalls in *Halle a. d. Saale* gab es seit etwa 1120, urkundlich erstmals 1213 erwähnt, eine Ulrichskirche. Sie stand am Ulrichstor beim Ausgang der kleinen und großen Ulrichsstraße und war wie die übrigen Pfarrkirchen der Stadt dem Augustinerchorherrenstift Sti. Alexandri Neuwerk inkorporiert. 1519 errichtete Kardinal Albrecht von Brandenburg für die säkularisierten Augustinerchorherren des Moritzklosters das Neue Stift. In diesem Zusammenhang erfolgte eine Umorganisation der kirchlichen Strukturen in Halle. Die alte Ulrichskirche wurde 1531 abgebrochen, dafür der Ulrichsgemeinde die Kirche des 1527 aufgelösten Servitenklosters überlassen. 1541 aber erlosch infolge der Reformation in Halle der katholische Kultus. Nach dem Zweiten Weltkrieg ist die mitten in der Stadt gelegene Kirche am 1. Januar 1972 profaniert und in eine Konzerthalle umgewandelt worden.

In der alten Ulrichskirche in Halle befand sich eine 1428 von dem Magdeburger Weihbischof Petrus Rumelant geweihte Ulrichsstatue. Nach 1520 ließ Kardinal Albrecht diese Figur in der Schatzkammer des Neuen Stifts aufstellen. Sie ist nicht mehr vorhanden, doch besitzen wir noch eine Abbildung mit genauer Beschreibung aus der ersten Hälfte des 16. Jahrhunderts. Die Figur war aus Silber, zum Teil vergoldet und farbig gefaßt, an der Mitra und dem Bischofsstab mit Perlen, am Sockel mit Edelsteinen verziert. Sie enthielt 15 Reliquienpartikel. Desgleichen befand sich in der Schatzkammer ein Reliquienkästchen aus der Zeit des Erzbischofs Friedrich von Beichlingen (1445 bis 1465), auf dessen Längsseite außer Martin und Mauritius auch Ulrich dargestellt war.

Als dritte Ulrichskirche ist *Sangerhausen* zu nennen, zwischen 1116 und 1123 von dem thüringischen Landgrafen Ludwig II., genannt der Springer, erbaut. Der Legende nach gelobte der Landgraf, St. Ulrich eine Kirche zu errichten, wenn ihm die Flucht von der Burg Giebichenstein, wo er in Gefangenschaft saß, gelang. Heute erinnert ein Tympanon über der Sakristeitür der romanischen Basilika an diese Begebenheit. Die Darstellung zeigt die Gelübdeablegung Ludwigs vor Bischof Ulrich. Seit 1539 ist die Kirche im Besitz der evangelischen Gemeinde.
Außerdem existierten in vorreformatorischer Zeit eine Reihe von Ulrichskirchen, deren Patrozinium im 18. Jahrhundert noch bekannt war, dann aber vielerorts in Vergessenheit geriet und schließlich unterdrückt wurde. Einige evangelische Gemeinden jedoch haben die Erinnerung an St. Ulrich bis in die Gegenwart wachgehalten. Ein bemerkenswerter Artikel von Georg Reichelt in einer evangelischen Wochenzeitung hat 1973 eine Zusammenstellung ehemaliger Ulrichskirchen im Bereich der evangelischen Landeskirche von Sachsen geboten. Demnach bestanden im Raum des Bischöflichen Amtes Magdeburg folgende Ulrichskirchen: Außer Magdeburg, Halle und Sangerhausen in *Büchel,* Krs. Sömmerda, in *Danstedt* bei Halberstadt, in *Hemleben,* Krs. Artern, in *Hornburg,* Krs. Querfurt (romanischer Bau), in *Kindelbrück,* Krs. Sömmerda, in *Lühe* (= Möckern), Krs. Loburg (spätromanischer Feldsteinbau) und in *St. Ulrich* bei Mücheln/Geiseltal, Krs. Merseburg. Hier lag ursprünglich eine Burg, deren Gründung im 12. Jahrhundert vermutet wird.
Aber auch in dem ehemaligen Benediktinerkloster *Ammensleben* im Bezirk Magdeburg war Ulrich kein Unbekannter. So befindet sich heute im Bistumsarchiv Trier ein Sammelband aus Ammensleben, der aus dem frühen

16. Jahrhundert stammt und u. a. eine Vita Sancti Udalrici episcopi et confessoris enthält.
Die einzige katholische Ulrichskirche im Bischöflichen Amt Magdeburg befindet sich in der Pfarrvikarie *Merseburg-Süd*. Sie wurde 1955 erbaut und 1959 konsekriert. Entscheidend für die Patroziniumswahl war die Erinnerung an den Vorabend der Lechfeldschlacht 955, an dem König Otto I. im Fall eines Sieges die Errichtung des Bistums Merseburg versprochen hatte, wie Bischof Thietmar von Merseburg in seiner Chronik berichtet.

Literatur

J. Dreyhaupt, Pagus Neletici et Nudzici oder Beschreibung des zum Herzogtum Magdeburg gehörigen Saalkreises I. 1755. – J. Koch, Geschichte und Kult des heiligen Ulrich, 1875. – S. v. Schultze-Galléra, Geschichte der Stadt Halle 2 Bde. 1925. – Ph. M. Halm u. R. Berliner, Das Hallesche Heiltum, 1931, S. 55, Nr. 251, Tafel 139c; S. 179, Tafel 101b. – A. Cohausz, St. Ulrich in Paderborn, in: Zeitschrift des Historischen Vereins für Schwaben 61 (1955) 206–208. – Dehio, Handbuch der deutschen Kunstdenkmäler Sachsen-Anhalt I, 1974; Sachsen-Anhalt II, 1976. – G. Reichelt, Die 1000-Jahr-Feier Bischof Ulrichs und die nach ihm benannten Kirchen, in: Berliner Sonntagsblatt Die Kirche. Evangelische Wochenzeitung für Berlin-Brandenburg 1973, Nr. 27.

Mainz

Eine fast tausendjährige Bindung bestand zwischen dem alten Erzbistum Mainz und dem Reichsbistum Augsburg, das zwischen 829 und 1802 als Suffragan zur größten deutschen Kirchenprovinz Mainz gehörte. So erhielt Ulrich 923 die Bischofsweihe durch den Metropoliten Heriger. Umgekehrt gehörte Ulrich zu den Konsekratoren der Erzbischöfe Hatto II. (968) und Rupert (970). 1187 weihte Erzbischof Konrad von Wittelsbach die wiedererrichtete Klosterkirche St. Ulrich und Afra in Augsburg, desgleichen am

13. Juli 1500 Erzbischof Berthold Graf von Henneberg die neugebaute Ulrichskirche. Wiederum waren die Mainzer Kur-Erzbischöfe Johann Philipp von Schönborn 1653 bei der Wahl Ferdinands IV. zum römischen König und Anselm Franz von Ingelheim 1690 bei der Wahl des römischen Königs Josephs I. in der Reichsstadt Augsburg anwesend. Dennoch finden sich im ehemaligen Erz- und neu organisierten Bistum Mainz kaum Spuren einer Ulrichsverehrung. Jedoch sollen Ulrichsreliquien im Mainzer Domschatz aufbewahrt, ferner in mehreren Altären beigelegt worden sein.

Das einzige bis in die Gegenwart erhaltene Ulrichspatrozinium ist in *Geinsheim* bei Groß-Gerau beheimatet. Kaiser Heinrich IV. hatte den Ort der damaligen Benediktinerabtei St. Jakobsberg in Mainz übereignet, die vorübergehend 1164 in ein Prämonstratenserstift umgewandelt und 1208 wiederum den Benediktinern übergeben worden war. 1265 inkorporierte Erzbischof Werner von Eppstein die Pfarrkirche dem Kloster St. Jakobsberg. In diese Periode reicht das Ulrichspatrozinium in Geinsheim zurück, das 1305 und 1319 urkundlich erwähnt wird. Den Benediktinern ist es zu verdanken, daß die Ulrichskirche in der Reformation katholisch blieb, pastorierten doch die Patres diese Gemeinde bis 1802. 1859 wurde nach dem Abriß des Vorgängerbaus ein neues Gotteshaus wiederum zu Ehren des heiligen Ulrich errichtet, und um 1975 kaufte die Gemeinde, im Gedenken an den 1000. Todestag des Augsburger Bistumspatrons und des eigenen Kirchenpatrons, eine Ulrichsglocke.

Mehrere Ulrichspatrozinien sind in der Reformation, die sich im Erzbistum Mainz großflächig ausgebreitet hatte, abgegangen. Dazu zählte im alten Archidiakonat des Propstes von St. Johann die Pfarrei *Crainfeld,* die seit 1020 zum Kloster Fulda gehörte und bereits im 11. Jahrhundert

St. Ulrich als Kirchenpatron verehrte. In der heute evangelischen Kirche findet Ulrich keine Erwähnung mehr.
Im ehemaligen Archidiakonat von St. Peter und Paul in Aschaffenburg waren bis zur Reformation die Pfarrkirchen in *Raibach* (Rai-Breitenbach) den Heiligen Bartholomäus, Jakobus und Ulrich, in *Dietzenbach,* Krs. Offenbach am Main, den Patronen Martin, Wendelin und Ulrich geweiht. Außerdem stand im Pfarrgebiet von *Dietzenbach* in der Nähe von Richolfshausen eine längst abgegangene Ulrichskapelle. In der heute evangelischen Kirche von Rai-Breitenbach aber erinnert man sich bis in die Gegenwart an den Augsburger Heiligen St. Ulrich.
Eine alte, inzwischen in Vergessenheit geratene Ulrichskapelle gab es auch in *Oppenheim,* Krs. Mainz-Bingen, die beim Leprosenhaus vor dem Dienheimer Tor stand.
Im ehemaligen Bistum Worms, das in der Reformation große Einbußen erlitt und in den französischen Revolutionskriegen und der nachfolgenden Säkularisation untergegangen ist, läßt sich bis zum 16. Jahrhundert eine stärkere Ulrichsverehrung nachweisen. Doch liegt aus dem Wormser Sprengel nur noch *Flomborn* bei Alzey im heutigen Mainzer Diözesangebiet. Die Pfarrkirche, dem Domkapitel von Worms inkorporiert, war dem heiligen Ulrich geweiht, wie 1376 bezeugt ist. Dieses Patrozinium blieb bis heute an der evangelischen Kirche erhalten.
Auf die Verehrung des Augsburger Bistumspatrons deuten wohl auch der Ortsname *Ulrichstein* und der *Ulrichsberg* hin. Die Gemeinde Ulrichstein, wahrscheinlich im 11. Jahrhundert entstanden, wird 1279 erstmals erwähnt. Grundherren waren die Adeligen von Büdingen und Eisenbach, die möglicherweise die Namensgebung angeregt haben. Der Ulrichsberg bei Mörlenbach, Krs. Bergstraße, auch Donnersberg genannt, war wohl ursprünglich eine

germanische Kultstätte. Später wurde er zum Ziel eines jährlichen Bittganges. Überreste deuten darauf hin, daß einst auf dem Hügel eine Kapelle stand. Möglicherweise hatte man sie dem heiligen Ulrich geweiht. Der Name des Hügels deutet wenigstens eine solche Auslegung an.

Literatur

Wormatia Sacra, Beiträge zur Geschichte des ehemaligen Bistums Worms, 1925, 118. – L. Clemm, Zur Topographie der Diözese Worms im Mittelalter, in: Beiträge zur Hessischen Kirchengeschichte 9 (1931) 351. – W. Diehl (Hg.), Baubuch für die evangelischen Pfarreien der Souveränitätslande und der acquirierten Gebiete, 1935, 127–130. – W. Müller, Hessisches Ortsnamenbuch Bd. I, 1937, 213–215, 301. – G. Kleinfeldt, Die mittelalterliche Kirchenorganisation im oberhessisch-nassauischen Raum, 1937, 52–53. – B. Demandt, die mittelalterliche Kirchenorganisation in Hessen südlich des Mains, 1966, 101–102, 108, 144. – Crainfelder Chronik, 1987.

München und Freising

Die Erzdiözese München und Freising wurde auf Grund des bayerischen Konkordats von 1817 und der nachfolgenden Zirkumskriptionsbulle von 1818 errichtet. Der neue Sprengel setzt sich zusammen aus den Gebieten der aufgehobenen Bistümer Freising, Chiemsee, der gefürsteten Propstei Berchtesgaden und dem zu Bayern gehörenden Anteil des Erzbistums Salzburg. Heute finden sich hier neun dem heiligen Ulrich geweihte Pfarreien, von denen die meisten allerdings erst im 19. und 20. Jahrhundert aus Filialen entstanden oder neu eingerichtet worden sind, und insgesamt 35 Neben-, Filialkirchen und Kapellen. Umgekehrt läßt sich im Bistum Augsburg keine einzige Pfarr- und Filialkirche nachweisen, die den Namen des heiligen Korbinian, des Bistumspatrons von München und Freising trägt. Dieser Bischof der christlichen Frühzeit ist im Augs-

burger Sprengel nie so populär geworden wie St. Ulrich im bayerischen Gebiet. Die Gründe dafür sind die gleichen, die ganz allgemein für die Ausbreitung des Ulrichskults gelten: Das Ansehen, das Ulrich bei den Kaisern und Adeligen des Mittelalters genoß, Pertinenzpatrozinien von Klöstern und Stiften, aber auch seine Verehrung als Schutzpatron und Helfer der ländlichen Bevölkerung.
Nachdem die Ulrichspatrozinien der Erzdiözese bereits im Jahrbuch 1992/93 des Vereins für Augsburger Bistumsgeschichte eingehend behandelt werden, seien hier nur eine Zusammenfassung und einige Anmerkungen geboten.
Unter Berücksichtigung der bereits aufgeführten Gebietsanteile anderer Bistümer in der heutigen Erzdiözese München und Freising ergibt sich, daß im Bistum Chiemsee und in der gefürsteten Propstei Berchtesgaden keine Ulrichspatrozinien vorhanden waren, während im Salzburger Anteil acht Gotteshäuser St. Ulrich geweiht sind: Im Kreis Berchtesgadener Land *Ulrichshögl,* bis ins 19. Jahrhundert Pfarrkirche von Ainring, später Filiale, einst wohl Sitz des Rittergeschlechts der Högler, und *Neukirchen* am Teisenberg, frühzeitig eine Mark der Salzburger Erzbischöfe gegen das Herzogtum Baiern, Kirchenkonsekration 1424, Pfarrei seit 1876. – *Schnabling,* Krs. Altötting, Filialkirche anstelle einer ehemaligen Burg der Grafen von Schnabling, spätgotisches Gotteshaus mit zwölf Holztafelbildern zur Ulrichslegende (um 1700). – Die Filialkirchen in *Odelsham,* Pfr. Babensham, spätgotischer Bau, und in *Stadlern,* Pfr. St. Leonhard am Buchat, beide dem Kreis Rosenheim zugeordnet. Im Kreis Mühldorf am Inn liegen *Steinkirchen,* Filiale von Obertaufkirchen, möglicherweise ein Adelspatrozinium, *Haunertsholzen,* Filiale von Niedertaufkirchen, dessen Ulrichspatrozinium ins Mittelalter zurückreicht, und die Kapelle *St. Ulrich im Urtelgraben* bei Gars am Inn,

die im 12. Jahrhundert gebaut, in der Säkularisation abgerissen und 1890 wiedererrichtet wurde. In dieser quellenreichen Region galt die Verehrung wohl dem Wasserpatron St. Ulrich.

Im Gebiet des ehemaligen Bistums Freising muß man zwischen Ulrichspatrozinien unterscheiden, die bis ins Mittelalter zurückreichen und in der Matrikel des Geistlichen Rates Franz Josef Anton Schmidt (1738–1740) beschrieben, und solchen, die erst im 19. und 20. Jahrhundert eingeführt worden sind. Zu den ersteren zählen die heutigen Pfarrkirchen: *Rottenbuch,* Krs. Weilheim-Schongau. Hier wurde das Patrozinium St. Ulrich von der alten nach der Säkularisation abgebrochenen Pfarrkirche dem Patrozinium der ehemaligen Stiftskirche „Mariä Geburt" beigefügt. Im Kreis Freising sind die Pfarrkirchen Hohenbachern und Pulling St. Ulrich geweiht. *Hohenbachern,* ursprünglich wohl eine alte Pfarrei, lange Filiale von Weihenstephan, im 19. Jahrhundert Nebenkirche von St. Jakob in Freising, wurde jüngstens wieder zur Pfarrei erhoben. Auch Pulling erhielt erst um 1967 volle pfarrliche Rechte. Im Kreis Landshut liegen die alten Ulrichspfarreien *Vilslern,* bereits 1315 als Pfarr- und Dekanatssitz ausgewiesen, und *Obergangkofen,* das erst in jüngster Zeit als Pfarrei errichtet wurde. *Gebensbach,* Krs. Erding, dagegen gilt seit 1926 als Pfarrort.

Eine Reihe von Filialkirchen oder Kapellen lassen sich im Grenzgebiet von München und Freising zu den Diözesen Augsburg und Regensburg und im Umkreis von Freising nachweisen. Das gilt beispielsweise für die Kuratie *Wangen* und die Filiale *Königswiesen* im Kreis Starnberg, ferner für *Anzhofen,* Pfr. Maisach, und *Englertshofen,* Pfr. Aufkirchen a. d. Maisach, beide Krs. Fürstenfeldbruck. Im Landkreis Dachau sind es *Oberumbach,* Pfr. Pfaffenhofen a. d.

Glonn, wo das Reichsstift St. Ulrich und Afra bis zum ausgehenden Mittelalter Besitzungen hatte, *Fußberg,* Kuratie Überacker, und *Mühldorf,* eine um 1480 erbaute und ehemals stark besuchte Wallfahrtskirche mit einer Ulrichsstatue von Constantin Pader aus dem 17. Jahrhundert. Im Kreis Pfaffenhofen a. d. Ilm ist die Filialkirche *Holzhausen,* Pfr. Sünzhausen St. Ulrich geweiht.

Im nördlichen Grenzland hin zur Regensburger Diözese liegen im Krs. Landshut außer den bereits erwähnten Ulrichspfarreien Vilslern und Obergangkofen die Filialen *Tiefenbach,* Pfr. Ast, möglicherweise ein Adelspatrozinium, und *Wurmsham,* Pfr. Seifriedswörth. Hier lassen sich 1551 Rupert und Ulrich, 1650 Ulrich und Rupert, 1817 Rupert und 1884 Nikolaus als Patrone nachweisen. Im Raum Freising finden sich die alten Nebenkirchen *Dürnseiboldsdorf,* Pfr. Mauern, und *Reichersdorf,* Pfr. Gündlkofen. Reichersdorf, das als zweiten Patron St. Laurentius (10. 8. 955 Lechfeldschlacht!) führt, war mit dem Pfarrort dem Zisterzienserinnenkloster Seligenthal in Landshut inkorporiert, das möglicherweise das Ulrichspatrozinium angeregt hat. Ähnliches läßt sich für die alten Ulrichskirchen in Unterschleißheim, Thann und Innerbittlbach vermuten. In *Unterschleißheim,* Pfr. Lohhof, hatte das Benediktinerkloster Weihenstephan 1518 ein Benefizium gestiftet, und 1524 wird St. Ulrich erstmals als Patron erwähnt. *Thann,* Pfr. Hartpenning, Krs. Miesbach, das bereits 1315 genannt wird, könnte ein Pertinenzpatrozinium vom Stift Tegernsee sein, das frühzeitig St. Ulrich verehrte und mit dem Augsburger Reichsstift eine geistliche Gebetsverbrüderung eingegangen war. Ähnliches gilt auch für *Innerbittlbach,* Krs. Erding, früher eine Filiale von Walpertskirchen, das dem Stift St. Zeno in Isen inkorporiert war. Die im Kern romanische Kirche mit einer spätgotischen Ulrichsfigur deutet

jedenfalls auf ein hohes Alter dieser Ulrichspfarrei hin, während die Ulrichskapelle in *Unterstrogn,* Pfr. Bockhorn, ebenfalls Krs. Erding, erst 1781 errichtet wurde.
Auch ins Mittelalter reicht die Ulrichskirche in *Pesenlern,* Markt Wartenberg, Krs. Erding zurück, in der eine Ulrichsstatue von 1510 verehrt wird. Weitere Ulrichspatrozinien finden sich noch in *Lanzenhaar,* Gem. Sauerlach, einer 1315 erwähnten einsamen Grundherrnkirche und in *Grasbrunn,* Pfr. Putzbrunn, ebenfalls 1315 belegt, beide Krs. München, in *Biberg,* Gem. Tuntenhausen, Krs. Rosenheim, und in *Wolfersberg,* Pfr. Oberpframmern, Krs. Erding, deren Patrozinium 1524 genannt wird.
Eine gewisse Neubelebung erfuhr der Ulrichskult in der Erzdiözese im 19. und 20. Jahrhundert. Neue Kirchen wurden dem Augsburger Bistumspatron geweiht, andere umgewidmet. So erhielt die Filiale *Blumthal,* Pfr. Hofkirchen, Krs. Erding, anstelle des bisherigen Patrons Martinus 1817 St. Ulrich. Gleiches geschah mit der Kapelle in *Mittenkirchen,* Pfr. Weyarn, Krs. Miesbach, die bis 1880 St. Vitus gewidmet war, heute aber den Namen St. Ulrich und Vitus trägt. Zu den Ulrichskirchen des 19. und 20. Jahrhunderts gehören *Heimstetten,* Krs. München, erbaut 1894, die Privatkapelle in *Stumpfenbach,* Pfr. Altomünster, Krs. Dachau, erwähnt 1848 und neu errichtet 1886/87, die Privatkapelle in *Siglfing,* Pfr. Erding (1900), die *Kapelle der Don-Bosco-Schwestern* im Provinzhaus München, St. Ulrich in München-Laim (1918) und die neue Pfarrkirche *Unterschleißheim* im Klosterfeld (1937).

Literatur

M. v. Deutinger, Die älteren Matrikeln des Bisthums Freysing I–III, 1849–1850; Edition der Matrikel von Franz Joseph Anton Schmidt 1738–1740. – A. Mayer, fortgesetzt von G. Westermayer, Statistische

Beschreibung des Erzbistums München-Freising, 3 Bde., 1874–1884. – Schematismen der Erzdiözese München und Freising. – J. Mois, Die Verehrung des hl. Ulrich v. Augsburg im ehemaligen Stift und in der Hofmarkspfarrei Rottenbuch, in: Lech-Isar-Land, 1973, 3–11. – G. Dehio, Handbuch der Kunstdenkmäler, Bayern II, 1988, Bayern IV, 1990. – W. Schierl, Die Kapellen des Landkreises Erding, 1991. – Freundl. Mitteilung vom Archiv der Erzdiözese München und Freising

Münster

Das heutige Bistum Münster, dessen Organisation 1821 neu geregelt und dessen Gebiet 1958 durch die Errichtung der Diözese Essen wiederum verkleinert worden war, kennt nur ein Ulrichspatrozinium in *Alpen* am Niederrhein, das aber ursprünglich zum Kölner Großarchidiakonat Xanten gehörte. Obwohl die Kirche Sancti Udalrici erstmals 1496 erwähnt wird, nimmt man an, daß das Patrozinium bis ins 11. Jahrhundert zurückreicht. Die Kirche, zunächst vor der Stadt gelegen, wurde 1580 zerstört und gegen 1650 innerhalb der Mauern neu erbaut. Daß die Ulrichsverehrung in Alpen tatsächlich älter ist, beweist das große Stadtsiegel, das gegen 1422/23 eingeführt wurde und das Bildnis des Augsburger Bischofs trägt.
Untergegangen ist das ehemalige Ulrichspatrozinium in *Rastede,* das vor der Reformation zum Erzbistum Hamburg-Bremen gehörte. Hier hatte möglicherweise 1059 Graf Huno vom zuständigen Erzbischof Adalbert „die Errichtung einer Basilika zu Ehren des heiligen Ulrich erbeten“ (Brandt). Doch scheint die Stiftungsurkunde eine Fälschung des 14. Jahrhunderts zu sein.

Literatur

W. Fabricius, Erläuterungen zum geschichtlichen Atlas der Rheinprovinz, Bd. 5, 1. Hälfte. 1909, 288. – W. Stüwer, Die Patrozinien im Kölner Großarchidiakonat Xanten, 1938, 162. – H. J. Brandt, Der heilige Bischof Ulrich, Patron der Gaukirche, in: H. J. Brandt, K. Hengst (Hg.), Die Gaukirche St. Ulrich in Paderborn 1183–1983. 1983, 108–133. – T. Dietrich, Rheinische Städtesiegel, 1984, 164–168.

Osnabrück

Im heutigen Bistum Osnabrück gibt es nur eine einzige Kirche im Kur- und Badeort *St. Peter-Ording* an der Nordsee, die dem heiligen Ulrich geweiht ist. Dieses Gotteshaus verdankt seine Entstehung nicht zuletzt der tatkräftigen Hilfe der Augsburger Diözese. Eine allgemeine Kollekte in Höhe von 75 000 DM trug entscheidend zur Finanzierung bei, so daß 1957 die neue Kirche zu Ehren des Augsburger Heiligen geweiht werden konnte. Sie ist inzwischen zum Mittelpunkt katholischen Lebens für die Bewohner und die vielen Kurgäste und Urlauber geworden.

Noch als Mitpatron wird St. Ulrich in der jetzigen Gnadenkapelle der Pfarr- und Wallfahrtskirche *Rulle* bei Osnabrück genannt. Diese Gnadenkapelle diente bis 1803 als Kirchspiel- bzw. Pfarrkirche, unterschieden von der Klosterkirche der Zisterzienserinnen. Nach der Säkularisation und Aufhebung des Klosters gingen die pfarrlichen Rechte an die größere Klosterkirche über, und der einstige Kirchenpatron St. Ulrich wurde zum Nebenpatron abgestuft, während Johannes Evangelist an die erste Stelle trat. Das ehemalige Ulrichspatrozinium scheint im 12. Jahrhundert begründet worden zu sein. Damals erlebte der Ulrichskult nicht zuletzt im norddeutschen Raum durch die staufischen Kaiser neue Impulse. Auch im Zisterzienserinnenkloster Rulle läßt sich anhand liturgischer Texte des 17. und 18.

Jahrhunderts die Verehrung des Augsburger Bischofs nachweisen. Heute erinnert noch eine Glocke, die beide Weltkriege überstanden hat, an den einstigen Kirchenpatron St. Ulrich.

Abgegangen sind in der Reformation zwei Altarpatrozinien von St. Ulrich im Dom zu Bremen und in Aurich, Ostfriesland.

Literatur

H. G. Siegel, Sonne für die Seele, St. Ulrich in St. Peter-Ording, 1982. – J. Lorenz, Die Verehrung des hl. Ulrich in Rulle, in: Osnabrücker Mitteilungen. Mitteilungen des Vereins für Geschichte und Landeskunde von Osnabrück 92 (1987) 217–223.

Paderborn

Das ursprüngliche Bistum Paderborn gehörte bis zur Säkularisation wie Augsburg zum Metropolitanverband Mainz. 1821 wurde es vergrößert und 1930 zum Erzbistum und zur Metropole der mitteldeutschen Kirchenprovinz erhoben; 1958 mußte es allerdings wieder einige Dekanate an Essen abgeben. Spuren einer überraschend lebendigen Ulrichsverehrung lassen sich über Jahrhunderte hin bis in die jüngste Gegenwart zurückverfolgen.

So wurde St. Ulrich zusammen mit Kilian von Würzburg lange als Nebenpatron des Domes und der Erzdiözese verehrt. Bereits im Paderborner Festkalender, noch vor der Synode von Tribur (1036) entstanden, ist unter dem 4. Juli Bischof Ulrich von Augsburg vermerkt, und ein Paderborner Codex notiert, daß Bischof Heinrich II. von Werl bei der Weihe der Abdinghofkirche in Paderborn 1152 einem Altar u. a. Ulrichsreliquien beigesetzt hat, die heute in einem neuromanischen Reliquiar in der Gaukirche auf-

bewahrt werden. Auf der Diözesansynode im Herbst 1324 erklärte Bischof Bernhard V. von der Lippe das Ulrichsfest zu einem öffentlichen Feiertag und erhob es damit auf die gleiche Stufe wie das Fest des Hauptpatrons Liborius. Fast zweihundert Jahre später bestätigte Bischof Ernst von Braunschweig 1513 die Anordnung seines Vorgängers in dem neu herausgegebenen Brevier. Hier heißt es einleitend: „Zum Lob des allmächtigen Gottes und seiner Heiligen Liborius, Kilian und Ulrich, den Patronen des Domes und des Bistums Paderborn". Auch im 17. Jahrhundert behielt das Ulrichsfest seinen hohen liturgischen Rang bei. So wurde es feierlich im Dom, in der St. Ulrich geweihten Gaukirche und in Neuhaus begangen.
Die *Gaukirche,* in unmittelbarer Nähe des Domes gelegen, führt heute noch als einziges Gotteshaus in der Erzdiözese das Ulrichspatrozinium. Ursprünglich der Gottesmutter geweiht, läßt sich erstmals in einer Urkunde von 1183 Ulrich als Patron nachweisen. Diese Ulrichskirche galt, ähnlich wie St. Johann in Augsburg, als Pfarrkirche des Dombereichs und besaß eine bevorzugte Stellung unter den übrigen Paderborner Gotteshäusern. Hier hielt der Dompropst regelmäßig das Sendgericht, präsentierte aber auch den jeweiligen Pfarrer. 1231 wurden Kirche und Pfarrei St. Ulrich den Zisterzienserinnen überschrieben, in deren Besitz sie bis 1513 blieben. In diesem Jahr erfolgte die Umwandlung in ein Benediktinerinnenkloster, das bis 1810 bestand. Von der Doppelfunktion als Pfarr- und Klosterkirche befreit, diente St. Ulrich fortan nur für seelsorgerliche Gemeindezwecke. Im März 1945 durch einen Luftangriff stark zerstört, wurde die Gaukirche nach dem Krieg wieder aufgebaut und mit Kunstwerken zu Ehren ihres Patrons ausgestattet. Dazu gehören u. a. die Bronzetür des Nordportals mit Darstellungen aus dem Ulrichsleben,

Glasfenster in der St. Ursula-Kapelle und vor allem ein kostbarer Ulrichsschrein aus dem Jahr 1973. Nicht mehr vorhanden ist eine Ulrichsstatue, die nach spanischem Brauch von den Ordensfrauen mit einem wertvollen Bischofsornat bekleidet worden war.
Ursprünglich war eine zweite Kultstätte dem heiligen Ulrich geweiht: *Schloß Neuhaus,* heute nach Paderborn eingemeindet. Der Ort Neuhaus reicht in das 11. Jahrhundert zurück. Vermutlich bestand schon um 1036 eine Ulrichskapelle. Nachdem die Bischöfe von Paderborn im 13. Jahrhundert in Neuhaus residierten, entwickelten sich Schloß und Kirche zum Ortsmittelpunkt. 1665/68 ließ Fürstbischof Ferdinand II. von Fürstenberg die Ulrichskirche abbrechen und einen Neubau aufführen. Damit verband er einen Patroziniumswechsel. Anstelle des Augsburger Heiligen traten Kaiser Heinrich II. und dessen Gemahlin Kunigunde; Ulrich aber erhielt den Rang eines Nebenpatrons. Ihm errichtete Fürstbischof Ferdinand 1667 einen Altar in der Pfarrkirche Neuhaus mit einem Gemälde von Karl Fabritius: St. Ulrich mit Kranken und Notleidenden.
Zwei weitere Ulrichspatrozinien lassen sich im ehemaligen Bistum Minden nachweisen, das mit dem Frieden von Münster und Osnabrück 1648 erlosch und dessen westliche Bezirke 1821 der Diözese Paderborn angegliedert worden sind: St. Martin in Minden und Börninghausen. Das vor 1029 gegründete Kollegiatstift *St. Martin in Minden* erhielt von einem Abt Heinrich von St. Ulrich und Afra in Augsburg Reliquien des heiligen Ulrich. Möglicherweise handelte es sich hierbei um Abt Heinrich III. (1184 bis 1190), in dessen Amtszeit die erste Erhebung und Translatio der Ulrichsgebeine 1183/87 stattfand. Wohl in Verbindung mit dieser Reliquienübergabe wurde dem bisherigen Patron des Stifts der heilige Ulrich als Nebenpatron beigegeben.

Doch fand der Augsburger Bischof keine große Resonanz bei der westfälischen Bevölkerung, und in der Reformation scheint er vollkommen in Vergessenheit geraten zu sein. Anders ist die Entwicklung in *Börninghausen,* Krs. Minden, verlaufen. Hier war die ehemals katholische Pfarrkirche St. Ulrich geweiht worden. Allerdings sind das Alter der Kirche und des Patroziniums strittig. Als frühester Zeitpunkt einer Widmung wird das Jahr 1050 angenommen. In der 1225 erstmals erwähnten romanischen Saalkirche, dessen Schiff 1463 erweitert worden ist, entdeckte man 1951 spätgotische Wandfresken, u. a. von Sebastian und Ulrich. Dieses Patrozinium ist in der Reformation nicht untergegangen, sondern lebt in der evangelisch-lutherischen Gemeinde Börninghausen fort. Dort fanden 1980 „ökumenische Tage" in Anwesenheit des Augsburger Bischofs statt.
Erwähnt sei noch der Ort Ulrichshagen, eine Wüstung im Kreis Holzminden.

Literatur

A. Cohausz, St. Ulrich in Paderborn, in: Zeitschrift des Historischen Vereins für Schwaben 61 (1955) 201–211. – Kirchenzeitung für die Diözese Augsburg 1980, Nr. 23: Eine evangelisch-lutherische Gemeinde St. Ulricus in Börninghausen. – H. J. Brandt, K. Hengst, Die Gaukirche St. Ulrich in Paderborn 1183–1983, 1983. – Realschematismus des Erzbistums Paderborn Westlicher Anteil 1988.

Passau

In der Diözese Passau, deren Grenzen im 18. und 19. Jahrhundert mehrfach verändert und dessen Landkapitel stark beschnitten worden waren, verehrte man seit dem Mittelalter den heiligen Ulrich. Davon zeugen u. a. Namensgebungen bei den Adeligen. So fand sich beispielsweise der Name Ulrich mehrfach bei den Grafen von Vornbach, und drei Passauer Bischöfe vom 11. bis 15. Jahrhundert führten ihn ebenfalls. Der erste von ihnen, Ulrich von Heffra, Graf von Tirol, geboren um 1027, seit 1056 Domherr und um 1079 Dompropst in Augsburg, leitete das Bistum Passau von 1092 bis 1121. Als Verehrer seines Namenspatrons erwies er sich u. a. dadurch, daß er drei Ulrichskirchen in Karlstetten, Pottbrunn und Würmla, damals Bistum Passau, heute Diözese St. Pölten, konsekriert haben soll.

Aber auch im heutigen Bistum Passau genießt der Augsburger Heilige als Patron von fünf Pfarr- und drei Filialkirchen, von denen zwei später eine Umwidmung erfuhren, bei den Gläubigen hohes Ansehen. Allerdings mußte er sich sehr lange mit dem Patronat von Filial- und Nebenkirchen begnügen. Denn mit Ausnahme von Pocking, das um 1666 zur Stifts-, und 1806 zur staatlich organisierten Pfarrei erhoben wurde, sind die übrigen vier dem heiligen Ulrich geweihten Gotteshäuser erst unter Bischof Michael von Rampf (1889–1901) im Zug einer Neuorganisation von Filial- in Pfarrkirchen umgewandelt worden: Büchlberg, Kirn, Rathmanndorf und Zell bei Malgersdorf. Über diese Ulrichspfarreien hat bereits das Passauer Bistumsblatt 1973 ausführlich berichtet, so daß hier auf Grundlage der genannten Veröffentlichung nur eine kurze Zusammenfassung geboten werden soll.

In der heutigen Pfarrkirche *Büchlberg* im Dekanat Passau-Land scheint die Verehrung des Kirchenpatrons St. Ulrich seit 1735 durch eine Wallfahrt zum Gnadenbild „Maria mit dem geneigten Haupt“ zurückgedrängt worden zu sein. Doch reicht das Ulrichspatrozinium sicher in das ausgehende Mittelalter zurück, möglicherweise durch Adelige der näheren Umgebung oder durch Fürstbischof Ulrich III.

von Nußdorf (1451–1479) angeregt, in dessen Amtszeit wohl die Erbauung der alten Kirche zu datieren ist. Dieses Gotteshaus wurde 1837/38 und 1886 erweitert und 1894 zur Pfarrkirche erhoben. Die Gemeinde würdigte 1973 in besonders festlicher Form den 1000. Todestag ihres Patrons St. Ulrich.

Kirn, Krs. Rottal-Inn, an der Kreisstraße von Ering nach Pfarrkirchen gelegen, gehörte ursprünglich zur Pfarrei Ering, die 1438 mit ihren Filialen der Benediktinerabtei Asbach inkorporiert wurde. Unter Fürstbischof Ulrich III. von Nußdorf erhielt die neue Kirche in Kirn 1468 ihre Weihe zu Ehren des heiligen Ulrich. Dessen Patrozinium ist höchstwahrscheinlich dem Einfluß der Benediktiner von Asbach zuzuschreiben. Seit 1894 Pfarrkirche, birgt das Gotteshaus als besonderes Kunstwerk eine fast lebensgroße Statue des Kirchenpatrons aus der Zeit um 1480.

Pocking im Rottal, Krs. Passau, von altersher eine Filiale der Großpfarrei Hartkirchen am Inn, wurde 1144 dem Augustinerchorherrenstift St. Nikola in Passau eingegliedert. Ob das Ulrichspatrozinium auf St. Nikola zurückgeht, oder von der oberösterreichischen Benediktinerabtei Mondsee oder von den Herren von Rottau auf Mattau, die jahrhundertelang die Herrschaft Pocking innehatten, angeregt wurde, ist nicht erkennbar. In der Kirche, deren spätgotischer Chor 1491 und deren Langhaus Mitte des 18. Jahrhunderts errichtet wurden, weisen eine barocke Ulrichsfigur und ein Glasfenster von 1897 auf den Kirchenpatron St. Ulrich hin.

Zu Beginn des 13. Jahrhunderts hatten die Passauer Fürstbischöfe mit der Grafschaft Windberg auch *Rathmanndorf,* Krs. Passau, erworben. In der Folgezeit lehensweise verschiedenen Adelsgeschlechtern übergeben, gehörte der Ort von 1449 bis 1803 zum Hochstift Passau. Schon 1448 ist das Ulrichspatrozinium der alten Kirche nachgewiesen, die im 17. Jahrhundert barockisiert und im 20. Jahrhundert profaniert wurde. An deren Stelle weihte Bischof Simon Konrad Landersdorfer am 4. Juli 1938 die von Professor Michael Kurz erbaute neue Ulrichskirche ein, die eine gotische Statue ihres Patrons aus der Mitte des 15. Jahrhunderts besitzt.

Das Ulrichspatrozinium in *Zell,* Gemeinde Falkenberg, Krs. Rottal-Inn, seit 1889 Pfarrdorf, ist wahrscheinlich dem Ortsadel der Herren von „Celle" zu verdanken. Die Kirche, in der Barockzeit neu ausgestattet, stammt aus dem Ende des 15. bzw. dem Anfang des 16. Jahrhunderts. In diese Periode ist auch eine spätgotische Holzfigur des heiligen Ulrich zu datieren, während ein Gemälde des frühen 18. Jahrhunderts an den Augsburger Heiligen als Streiter in der Ungarnschlacht 955 erinnert.

Von den noch bestehenden Filialkirchen, die ebenfalls dem Augsburger Bischof geweiht waren, besitzt heute nur noch *Lengham* in der Pfarrei Birnbach, Krs. Rottal-Inn, das Ulrichspatrozinium. 1329 hatten die baierischen Herzöge Heinrich XIV., Otto IV. und Heinrich XV. der Natternberger ihren Hof zu „Lenghaym" dem Prämonstratenserkloster St. Salvator bei Griesbach übergeben. Aus dieser Zeit stammt die jetzige Dorfkirche St. Ulrich, auf deren Hochaltar eine spätgotische Ulrichsfigur aufgestellt ist.

Auf dem Angerberg in Osterhofen-Altenmarkt, Krs. Deggendorf, steht eine 1305 geweihte Nebenkirche mit dem Patrozinium St. Martin und St. Ulrich. Doch heute wird nur noch der heilige Martinus als Kirchenpatron verehrt.

Die Burg *Reichenberg* bei Pfarrkirchen, Krs. Rottal-Inn, besaß seit dem Mittelalter eine dem heiligen Ulrich geweihte Kapelle. Nach Abbruch der Befestigungsanlage 1804 errichtete man eine kleine Wegkapelle mit einer goti-

schen Ulrichsstatue, die wahrscheinlich aus der Burgkapelle stammte, heute leider nicht mehr vorhanden ist.
In *Baumgarten,* Pfr. Peterskirchen, Krs. Rottal-Inn, war die Schloßkapelle ebenfalls St. Ulrich gewidmet, dem man später St. Erasmus beigab. Nach Abbruch der Kapelle und dem Bau einer neuen Kirche 1796 mußte Ulrich das Patrozinium an Bartholomäus abgeben.
Schließlich sei noch eine Ulrichskapelle in *Haunpolding,* Pfr. Obergessenbach, Krs. Deggendorf erwähnt, die um die Mitte des 20. Jahrhunderts abgebrochen worden ist.

Literatur

Handbuch des Bistums Passau, 1958. – J. Huber, St. Ulrichskirchen im Bistum Passau, in: Passauer Bistumsblatt 38 (1973) Nr. 32–37.

Regensburg

Von einer starken Verehrung des Augsburger Heiligen im Raum der heutigen Diözese Regensburg zeugen zwölf Pfarr- und 19 Filialkirchen und Kapellen, die St. Ulrich geweiht worden sind und von denen ein Teil bis in das 11. Jahrhundert zurückreicht. Nachdem der Ulrichskult im Bistum Regensburg bereits im Jahresband 1992/93 des Vereins für Augsburger Bistumsgeschichte ausführlich behandelt wird, sei hier nur eine Zusammenfassung geboten. Welch hohes überregionales Ansehen Ulrich schon frühzeitig besaß, ergibt sich u. a. aus dem Vergleich, daß dem Regensburger Bistumspatron St. Wolfgang im Augsburger Sprengel nur neun Gotteshäuser gewidmet worden sind. Die Dichte der Ulrichspatrozinien in Regensburg hat verschiedene Ursachen. Dazu gehören die enge Freundschaft Ulrichs mit dem jüngeren Wolfgang, die Erinnerung an den siegreichen Kampf Ulrichs gegen die Ungarn, die auch das Regensburger Bistumsgebiet mehrfach heimgesucht hatten, die Hochschätzung des Augsburger Heiligen bei den Ottonen und Saliern und beim Adel, die ihn als Standespatron verehrten, aber auch Besitzungen von Klöstern und Stiften in der Oberpfalz und in Niederbayern.

Noch vor der Jahrtausendwende findet sich Ulrich im Wolfgangssakramentar. Wenig später errichtete man wohl ihm zu Ehren eine Kapelle „auf dem Traidtkasten" im Dombereich. Der Nachfolgebau, die *Dompfarrkirche St. Ulrich* in Regensburg, zwischen 1225 und 1240 entstanden, gilt als einer der bedeutendsten frühgotischen Bauten in Süddeutschland. Er wurde 1824 profaniert und dient jetzt als Diözesanmuseum, gewidmet dem heiligen Ulrich. An seiner Stelle wurde 1821 die Stiftskirche Niedermünster zur Dompfarrkirche bestimmt, doch heißt der Pfarrsprengel bis zum heutigen Tag immer noch „Dompfarrei St. Ulrich".

Im Bistumsgebiet wurden die frühen Ulrichspatrozinien vor allem durch den Adel initiiert, beispielsweise in *Ainau,* Krs. Pfaffenhofen a. d. Ilm, wo Adalbero aus dem Haus der Grafen von Eppenstein in Kärnten, 1053 bis 1057 Bischof von Bamberg, zwischen 1037 und 1057 eine Ulrichskirche (heute Pfarrkirche) errichtete. In *Treidlkofen,* Krs. Landshut, erbauten die Grafen von Harbach wohl um die gleiche Zeit die jetzige Pfarrkirche. In *Tiefenthal,* Stadt Wörth, Krs. Regensburg, geht die St. Ulrich und Wolfgang geweihte Filialkirche in ihrem Ursprung auf eine doppelgeschossige Burgkapelle zurück. In *Hohenfels,* Krs. Neumarkt i. d. Oberpfalz, waren es wahrscheinlich die Herren von Hohenfelz, die einen Vorgängerbau der heutigen 1716 bis 1721 errichteten Pfarrkirche St. Ulrich widmeten. Auch die Wallfahrtskirche St. Ulrich in *Haidstein,* Gem. Chamerau, Krs. Cham, verdankt wohl ihre Namensgebung

einem um 1200 nachweisbaren Vasallengeschlecht der Markgrafen von Cham-Vohburg. Ebenfalls als Kapelle eines Edelsitzes wurde vor 1200 die alte romanische Kirche St. Ulrich in *Wilchenreuth,* Gem. Theisseil, Krs. Neustadt a. d. Waldnaab errichtet, die von der Reformation an bis 1910 als Simultankirche Verwendung fand und heute im Besitz der evangelischen Gemeinde ist. Die katholische Expositurkirche, wiederum dem heiligen Ulrich geweiht, wurde 1910/11 erbaut und z. T. mit spätgotischen Figuren des alten Gotteshauses ausgestattet. Dazu gehören auch zwei Statuen von Ulrich und Wolfgang. Desgleichen gehen höchstwahrscheinlich die Ulrichspatrozinien der Filialkirchen in Wetterfeld und Sarching auf die Initiative adeliger Ortsherren zurück. In *Wetterfeld,* Stadt Roding, Krs. Cham, wird erstmals eine Burgkapelle vor 1433 und in *Sarching,* Gem. Barbing, Krs. Regensburg, eine Hofmarkskapelle St. Ulrich erwähnt, deren Patrozinium beim Neubau 1762 in „Unsere liebe Frau" umgewidmet wurde. Adeliger Herkunft dürften auch die Ulrichspfarrkirchen *Schwarzach* b. Nabburg und *Dieterskirchen,* beide Kreis Schwandorf, und *Michldorf,* Markt Leuchtenberg, Krs. Neustadt a. d. Waldnaab, sein. St. Ulrich in Michldorf war die ursprüngliche Pfarrkirche von Leuchtenberg, des Stammsitzes der Landgrafen gleichen Namens.
In Niederbayern verdanken wahrscheinlich – um nur einige Beispiele zu nennen – die Filialkirchen und Kapellen in *Sallach,* Gem. Rimbach, Krs. Rottal-Inn, in *Sittling,* Stadt Neustadt a. d. Donau, Krs. Kelheim, und in *Ulrichsberg,* Gem. Grafling, Krs. Deggendorf, ihre Ulrichspatrozinien dem Einfluß adeliger Familien. Die kleine Kirche in Ulrichsberg geht auf den kaiserlichen Ministerialen Ulrich von Großham im 11. Jahrhundert zurück, der mit seinem gleichnamigen Sohn über dem Graflinger- und Donautal

eine Burg mit der Ulrichskapelle errichtete. Die im 18. Jahrhundert mit Szenen aus dem Ulrichsleben ausgestattete Kapelle galt lange als eine vielbesuchte Wallfahrtsstätte zu Ehren des Augsburger Bistumspatrons.
Dem Einfluß des Benediktinerklosters Rott am Inn ist mit großer Wahrscheinlichkeit das Ulrichspatrozinium der Pfarrkirche in *Lam,* Krs. Cham, zuzuschreiben. Der erstmals 1279 erwähnte Ort wurde 1322 von Kötzting getrennt und zur eigenständigen, der Abtei Rott inkorporierten Pfarrei erhoben. Lam entwickelte sich zum Mittelpunkt des Rodungsgebietes am Osser. Siedler, die von der Rotter Hofmark St. Ulrich am Pillersee in Tirol nach Lam kamen, könnten das Patrozinium aus ihrer Heimat nach Lam transferiert haben. Auch die Ulrichspatrozinien der Pfarrkirche in *Niederumelsdorf,* Krs. Kelheim, und der Filiale *Unterröhrenbach,* Pfr. Moosthann, Krs. Landshut, sind wohl klösterlichen Ursprungs. Niederumelsdorf war seit 1359 der Benediktinerabtei Biburg inkorporiert, und die Filialkirche in Unterröhrenbach, im 13. Jahrhundert erbaut, gehörte zum Zisterzienserinnenkloster Seligenthal in Landshut.
Die Ulrichspatrozinien in den heutigen Pfarrkirchen *Aich,* Krs. Landshut, und *Kemnath b. Fuhrn,* Krs. Schwandorf, sind wahrscheinlich durch die Bischöfe und das Domkapitel von Regensburg angeregt worden, die hier das Patronatsrecht besaßen.
Weitere St. Ulrich geweihte Filialkirchen und Kapellen, von denen einige bis ins ausgehende Mittelalter zurückreichen, befinden sich in *Kleinweichs,* Pfr. Otzing, Krs. Deggendorf, *Mainbach,* Pfr. Oberdietfurth, und *Ulrichsschwimmbach,* Pfr. Marklkofen, beide Kreis Dingolfing-Landau, ferner in *Unterempfenbach,* Pfr. Oberempfenbach, Krs. Kelheim, und in *Ulrichsberg,* Pfr. Pleystein,

Krs. Neustadt a. d. Waldnaab. Im Kreis Landshut liegen die Filial-, Nebenkirchen und Kapellen in *Gisseltshausen,* Pfr. Rottenburg a. d. Laaber, *Ebenhausen,* Pfr. Niederhornbach, und *Ulrichsried,* Pfr. Rainertshausen, und im Kreis Regensburg *Großaich,* Pfr. Aufhausen. Schließlich seien noch im Kreis Straubing-Bogen die Filialen in *Buchhausen,* Pfr. Ascholtshausen und *Greißing,* Pfr. Geiselhöring genannt.

Literatur

Matrikel der Diözese Regensburg, hrsg. vom Bischöflichen Ordinariat Regensburg, 1916. – J. B. Lehner, Die mittelalterlichen Kirchen-Patrozinien des Bistums Regensburg, in: Verhandlungen des historischen Vereins für Oberpfalz und Regensburg 94 (1953) 55. – Schematismen der Diözese Regensburg. – Dehio, Handbuch der deutschen Kunstdenkmäler, Bayern II: Niederbayern, 1988; Bayern V: Regensburg und die Oberpfalz, 1991.

Rottenburg-Stuttgart

Die Diözese Rottenburg – seit 1978 Rottenburg-Stuttgart – wurde in Verbindung mit der staatlichen Neuorganisation nach der Säkularisation und den Verhandlungen mit dem Römischen Stuhl im Jahr 1821 für das neue Königreich Württemberg errichtet. Sie setzt sich aus einem Großteil des aufgehobenen Fürstbistums Konstanz und den württembergischen Gebietsanteilen der alten Reichsbistümer Augsburg, Speyer, Worms und Würzburg zusammen. In diesem Raum gab es eine sehr starke Ulrichsverehrung mit unterschiedlichen Schwerpunkten in den ehemaligen Archidiakonaten und Dekanaten der früheren Bistümer. Die neuen Schematismen der Diözese Rottenburg-Stuttgart nennen 24 Pfarr- und Filialkirchen, die St. Ulrich allein oder in Verbindung mit anderen Heiligen geweiht sind.

Insgesamt aber lassen sich ca. 66 Ulrichspatrozinien von Pfarr- und Nebenkirchen, bzw. Kapellen nachweisen, von denen allerdings ein Teil infolge der Reformation oder durch Umwidmungen und Abbruch abgegangen ist. Auf die Gebietsanteile der früheren Reichsbistümer verteilt, ergibt sich, nach der Anzahl der Patrozinien gegliedert, folgende Statistik: Worms 1, Speyer 5, Würzburg und Augsburg 11 bzw. 12 und Konstanz 37.

Zwar hat Ludwig Dorn im Jahrbuch 1973 des Vereins für Augsburger Bistumsgeschichte bereits den Ulrichskult im ehemaligen Bistum Konstanz untersucht, doch bedarf diese Abhandlung gewisser Ergänzungen, die im Rahmen des vorliegenden Buches aber nur angedeutet werden können.

Zu Worms gehörte nur die heutige Pfarrkirche St. Ulrich in *Stockheim,* Krs. Heilbronn, 1514 erbaut und vom Deutschorden 1535 zur Pfarrei erhoben.

Im ehemaligen Gebiet des Bistums Speyer lassen sich bis zum 16. Jahrhundert Ulrichspatrozinien in fünf Orten nachweisen: *Enzberg,* Pfr. Mühlacker, Enzkreis, hier hatte das Benediktinerkloster Sinsheim Besitzungen; in *Langenbrand,* Pfr. Schömberg, Krs. Calw, wird 1559 eine Ulrichskapelle erwähnt; im Rems-Murr-Kreis gab es Ulrichspatrozinien in *Rietenau,* Pfr. Oppenweiler, wo das Benediktinerkloster Hirsau Güter besaß, und in *Sulzbach* a. d. Murr, Erstnennung 1591. Schließlich sei noch *Weissach,* Krs. Böblingen genannt, wo Ulrich 1565 als Patron erwähnt wird.

Innerhalb des ehemaligen Würzburger Bistumsanteils der heutigen Diözese Rottenburg-Stuttgart konzentrieren sich zehn von elf Ulrichspatrozinien, die z. T. abgegangen sind, auf die beiden Kreise Schwäbisch Hall (7) und Heilbronn (3). Im Kreis Schwäbisch Hall waren es die heutige evangelische Pfarrkirche in *Blaufelden,* eine alte romanisch-goti-

sche Wehrkirche, geweiht den Heiligen Ulrich, Sebastian und Leonhard, und die Kapelle *Wiesenbach,* der Pfarrei Blaufelden zugehörig. Hier bestand eine Propstei des Fürststifts Ellwangen. Ferner seien genannt die abgegangenen Kapellen in *Ellrichhausen,* Pfr. Crailsheim-St. Bonifaz, erwähnt 1513, aufgehoben 1563, *Hirschfelden* bei Michelbach, 1587 abgerissen, die *Burgkapelle der Bilriet* in der Gemarkung Wolpertsdorf, heute Stadtteil von Schwäbisch Hall, erwähnt 1405, *Steinbach* a. Kocher, wo Ulrich 1469 als Mitpatron aufscheint, und *Kröffelbach* bei Comburg.
Im Kreis Heilbronn gab es drei St. Ulrich geweihte Gotteshäuser in *Löwenstein,* gehört jetzt zu Heilbronn-Sontheim (1560), in *Siglingen,* Pfr. Möckmühl (Kapelle 1421) und in *Wüstenhausen,* Pfr. Ilsfeld, erwähnt 1513.
Im Main-Tauber-Kreis besteht noch die evangelische Ulrichskapelle in *Standorf,* südlich von Creglingen auf einer Anhöhe gelegen. Dieser romanische Zentralbau, einst eine Wallfahrtsstätte, stammt etwa aus der Zeit von 1220 und ist wohl eine Stiftung durch Konrad von Hohenlohe, der mit Friedrich II. 1228/29 an einem Kreuzzug teilnahm.
Daß Ulrich besonders im ehemals Augsburgischen Anteil verehrt wurde, ist nicht verwunderlich. Im heutigen Ostalbkreis gründeten 1095 die Grafen von Dillingen das Chorherrenstift St. Ulrich und Afra in *Neresheim,* das im 12. Jahrhundert in ein Benediktinerkloster umgewandelt wurde. Von diesem abhängig sind die Ulrichspatrozinien in *Dehlingen,* wo Ulrich eine Quelle geweiht haben soll, und in *Kleinkuchen* (Krs. Heidenheim), dessen Kirche 1298 Ulrich geweiht wurde. Weitere Ulrichspatrozinien lassen sich im Ostalbkreis nachweisen in *Heubach,* wo die 1385 erwähnte Ulrichskirche in der Reformation der evangelischen Konfession übereignet wurde, in *Brainkofen,* Gem. Iggingen, und in *Espachweiler,* Pfr. Neuler. In *Ellwangen*

wird der Augsburger Bistumspatron in der jetzigen Pfarrkirche St. Wolfgang und Ulrich, geweiht 1476, als Nebenpatron angeführt. Im Alb-Donau-Kreis liegen die in der Reformation abgegangenen Ulrichspatrozinien in *Mergelstetten* und in *Neenstetten,* außerdem die noch bestehenden Ulrichskirchen in *Öllingen,* Pfr. Rammingen und in *Lontal,* wo die Freiherrn von Riedheim die Rekatholisierung wieder einleiteten. Abgegangen ist die Ulrichskapelle in *Schadberg,* Rems-Murr-Kreis (1486), die zum Kapitel Lorch gehörte und unmittelbar an der Westgrenze des alten Reichsbistums Augsburg lag.

Die Mehrzahl aller Ulrichspatrozinien (abgekürzt UP.) im heutigen Rottenburger Diözesangebiet läßt sich im Bereich des ehemaligen Bistums Konstanz belegen, wo auch – wie andernorts – der Adel und die Klöster die Ulrichsverehrung förderten. Gewisse Schwerpunkte zeichnen sich in den heutigen Kreisen Biberach, Ravensburg und Göppingen ab. Im Kreis Biberach liegen die Ulrichspfarrkirchen *Alberweiler,* UP.1421; *Baustetten,* 1275 erste Kirche, UP.1475; *Ingerkingen,* Pfarreierhebung 1712 mit UP.; *Obersulmetingen,* Kirche 1275, UP.1367; *Uigendorf,* Kirche 1299, UP.1587, und die Kapelle in *Goldbach,* 1157 als Pfarrkirche für Ochsenhausen belegt.

Ebenfalls fünf Pfarrkirchen und eine Kapelle sind im Kreis Ravensburg nachgewiesen: *Arnach,* Gem. Bad Wurzach, Ulrich und Margarete, Kirche 1275 erwähnt; *Bodnegg,* Kirche 1275, UP.1506, 1779 Ulrich und Magnus, heute ist Ulrich nur noch Nebenpatron; *Dietmanns,* Kirche 1275, Ulrich und Margareta; *Kißlegg,* Gallus und Ulrich, hier Besitz des Klosters St. Gallen; *Seibranz,* Kirchennennung 1353, UP.1467/74, hier soll Ulrich 950 bei einer Begegnung mit Bischof Konrad den Ulrichsbrunnen erweckt haben, zu dem in früherer Zeit Wallfahrten stattfanden. Heute gehö-

ren Arnach, Dietmanns und Seibranz alle zur Gem. Bad Wurzach. Abgegangen ist die 1052 erbaute Ulrichskapelle in *Altshausen*, Krs. Ravensburg.
Vier Ulrichspatrozinien lassen sich für den heutigen Kreis Göppingen nachweisen: *Adelberg,* ehemaliges Prämonstratenserstift, das zunächst Bischof Ulrich II. von Konstanz, gest. um 1140, später aber den Augsburger Bistumsheiligen als Patron verehrte. Das Stift wurde 1565 reformiert, das Patrozinium ist abgegangen. Die einstige Ulrichskirche in *Großsüßen,* UP.1557 genannt, war im Besitz von Adelberg. *Steinenkirch,* Gem. Böhmenkirch-Steinenkirch, Kirche 1275, UP.1599, und *Wiesensteig,* einst Sitz eines bischöflichen augsburgischen Eigenklosters, hier wird in der Schloßkapelle 1595 Ulrich als Mitpatron angegeben.
Auch im Alb-Donau-Kreis läßt sich die Ulrichsverehrung belegen: *Urspring,* Gem. Schelklingen, Sitz eines ehemaligen Benediktinerinnenklosters, UP.1289; *Pfraunstetten,* Gem. Allmendingen, Ulrichskapelle 1586, und *Berg,* Gem. Ehingen, UP. erwähnt 1515. Eine gewisse Konzentration von Ulrichskirchen zeichnet sich im Umland von Rottweil ab, wenn auch die einzelnen Orte verschiedenen Landkreisen zugehören: *Geislingen,* Zollernalbkreis, gestiftet von Wolf v. Bubenhofen, seit 1451 Pfarrei, Kirche 1928 neu erbaut; *Wellendingen,* Krs. Rottweil, UP.1695 beurkundet, jetzige Pfarrkirche 1937 errichtet; *Wehingen,* Krs. Tuttlingen, UP.1299, dem Kloster Alpirsbach inkorporiert, die heutige Pfarrkirche stammt von 1899; eine wohl ins 11. Jahrhundert zurückreichende Ulrichskapelle bei Balingen, von der die Legende erzählt, Ulrich selbst habe diese wie auch andere Kirchen im Umkreis geweiht, wurde Mitte des 16. Jahrhunderts abgebrochen.
Zwei weitere Pfarrkirchen *Dornstadt,* Alb-Donau-Kreis, und *Fulgenstadt,* Krs. Sigmaringen, besitzen alte Ulrichspa-

trozinien. In Dornstadt reicht es bis ins 13. Jahrhundert zurück. In der 1674 errichteten Pfarrei werden auch Ulrichsreliquien verehrt. Bereits 1090 werden in Fulgenstadt, das dem Benediktinerkloster Weingarten inkorporiert war, Ulrich und Konrad als Patrone genannt.
Zeugen alter Ulrichsverehrung im ehemaligen Bistum Konstanz sind schließlich mehrere Nebenkirchen und Kapellen, die z. T. abgegangen sind. Sie werden in chronologischer Reihenfolge der Erstnennung des Ulrichspatroziniums zusammengestellt: *Bildechingen,* Krs. Freudenstadt, St. Ulrichshof 1286; *Jettenburg,* Gem. Kusterdingen, Krs. Sigmaringen, 1324 Ulrich und Pankratius; *Ellmenau,* Gem. Neukirch, Bodenseekreis, 1357; *Pflugfelden,* Krs. Ludwigsburg, 1402; *Laimnau,* Bodenseekreis, 1466 Petrus und Ulrich; *Altenriet,* Pfr. Neckartenzlingen, Krs. Esslingen, 1484 Maria, Katharina, Ulrich; *Bittenfeld,* Rems-Murr-Kreis, 1508; *Birkmannsweiler,* Gem. Winnenden, Rems-Murr-Kreis, 1540; *Ruit,* Krs. Esslingen, 1559.
Aus dem 19. und 20. Jahrhundert stammen im Diözesangebiet vier Ulrichskirchen. So werden in der 1728 erbauten Kirche in *Winterbach,* Gem. Horgenzell-Winterbach, Krs. Ravensburg, erstmals 1820 die Patrone Konrad und Ulrich erwähnt. In *Kirchheim u. Teck,* Krs. Esslingen, errichtete man 1908 und in *Wangen,* Krs. Ravensburg, 1960 die Pfarrkirchen St. Ulrich. In diesem Jahr wurde auch eine neue Seelsorgestelle in *Stuttgart-Fasanenhof* gegründet, die Bischof Carl Joseph Leiprecht 1967 zur Stadtpfarrei St. Ulrich erhob.
Zusammenfassend läßt sich feststellen, daß sich im ehemaligen Bistum Konstanz, soweit es den Sprengeln Freiburg und Rottenburg eingegliedert ist, über 50 Ulrichspatrozinien nachweisen lassen. Dieser intensive Ulrichskult, dessen Entstehungszeit zwischen dem 11. und 16. Jahrhundert

liegt, hat verschiedene Ursachen. Erinnert sei nur an die enge Freundschaft der beiden Bischöfe Ulrich und Konrad, an die Reisewege Ulrichs in die Schweiz, in deren Nähe mehrfach Ulrichspatrozinien zu finden sind, an die zahlreichen Benediktinerklöster, die Ulrich stets verehrten, und an die schwäbische Reichsritterschaft, die z. T. enge Verbindungen zum Bistum Augsburg besaß und Ulrich als Standespatron hochschätzte.

Literatur

Pl. Braun, Historisch-topographische Beschreibung der Diözese Augsburg, 1823. – Die Kunst- und Altertumsdenkmale im Königreich Württemberg, hrsg. von E. Paulus u. E. Gradmann, 1889 ff. – G. Hoffmann, Kirchenheilige in Württemberg, 1932 (mit Literatur). – Die Kunstdenkmäler in Württemberg, hrsg. vom Württemb. Landesamt für Denkmalpflege, 1937 ff. – St. Krießmann, Series Parochorum, Reihenfolge der katholischen Pfarrer in den Pfarreien der Diözese Rottenburg, 1950. – A. Hagen, Geschichte der Diözese Rottenburg I–III, 1958–1960. – Dehio, Handbuch der Deutschen Kunstdenkmäler: Baden-Württemberg, 1964. – L. Dorn, Ulrich in der Volksüberlieferung des ehemaligen Bistums Konstanz, in: JABG 7 (1973) 116–133 (mit Literatur). – W. Dettelbacher, Franken, in: Reihe DuMont Kunst-Reiseführer 1974. – Fr. Quarthal (Bearb.), Die Benediktinerklöster in Baden-Württemberg (= Germania Benedictina V), 1975. – H. Tüchle, Von der Reformation bis zur Säkularisation. Geschichte der katholischen Kirche im Raum des späteren Bistums Rottenburg-Stuttgart, 1981. – Schematismen der Diözese Rottenburg.

Schwerin, Bischöfliches Amt

Im Bischöflichen Amt Schwerin, das zur Zeit noch zur Diözese Osnabrück gehört, gibt es keine Hinweise auf eine Ulrichsverehrung. Es ist fraglich, ob drei Ulrichsorte, die in diesem Gebiet liegen, in Beziehung zum Augsburger Bischof stehen: Ulrichshof, Krs. Strasburg; Ulrichshorst, Krs. Wolgast; Ulrichshausen, Krs. Waren.

Freundliche Mitteilung vom Bischöflichen Amt Magdeburg.

Speyer

Die heutige Diözese Speyer wurde durch das bayerische Konkordat von 1817 neu organisiert, als Suffragan der Kirchenprovinz Bamberg zugeordnet und in ihren Grenzen auf die Pfalz beschränkt. Bis 1801 hatte sie wie Augsburg zum Metropolitanverband Mainz gehört. Schon frühzeitig bestanden Verbindungen zwischen dem alten Bistum Speyer und dem bayerisch-schwäbischen Sprengel. 970 hatte Ulrich den Speyerer Bischof Balderich konsekriert, und 1028 bis 1032 stand der erste, möglicherweise aus Augsburg stammende Abt Reginbald von St. Afra dem Bistum Speyer vor. Drei Pfarrkirchen und zwei Kapellen, die fast alle in ihrem Ursprung in die vorreformatorische Periode zurückreichen, halten bis in die Gegenwart die Erinnerung an den Augsburger Bistumspatron wach: Deidesheim, Haßloch, Kapsweyer, Fischbach bei Dahn und die Kapelle in Peterbächel bei Dahn.

Deidesheim, Krs. Bad Dürkheim/Weinstraße, zum Hochstift Speyer gehörend, wurde erst 1450 Pfarrsitz der Gemeinden Niederkirchen und Deidesheim. 1642 erfolgte der Umbau der bisherigen Filial- zur Pfarrkirche St. Ulrich. Damals etwa stiftete der aus dem Ort gebürtige Domherr Ebolt von Böhl am Speyerer Dom eine Pfründe zu Ehren des heiligen Ulrich. Die heutige Pfarrkirche stammt aus dem Jahr 1697.

Haßloch, Krs. Bad Dürkheim/Weinstraße, ein sehr altes Reichsdorf, besaß ursprünglich ein Galluspatrozinium, das erstmals 1253 erwähnt ist. 1410 wurde eine Ulrichskapelle erbaut, dessen Chor noch als Untergeschoß des Turms der jetzt evangelischen Kirche erhalten geblieben ist. Die heutige katholische Pfarrkirche St. Ulrich stammt aus dem Jahr 1957 und erhielt 1958 die bischöfliche Konsekration.

1368 übergab Kaiser Karl IV. die Vogteirechte über *Kapsweyer,* Krs. Südliche Weinstraße, und den Pfarrort Steinfeld lehensweise an das damalige Benediktinerkloster Weißenburg, das möglicherweise das Ulrichspatrozinium der Filialkirche in Kapsweyer im 15. Jahrhundert angeregt hat. Die heutige Pfarrkirche St. Ulrich, 1854 erbaut und im Zweiten Weltkrieg zerstört, wurde 1950 neu errichtet.
Die Filialkirche, zugleich Wallfahrtskapelle St. Ulrich in der Pfarrei *Fischbach* bei Dahn, Krs. Pirmasens, reicht wohl bis in das 13. Jahrhundert zurück und wurde damals wahrscheinlich von dem Zisterzienserkloster Stürzelbronn erbaut. Auch sie erlitt Schäden im Zweiten Weltkrieg und wurde zwischen 1947 und 1950 instandgesetzt.
Aus jüngster Zeit stammt die neue Ulrichskapelle in *Peterbächel,* Gem. Fischbach-Peterbächel bei Dahn.

Literatur

Handbuch des Bistums Speyer, 1961, 134, 346, 89, 124.

Trier

Eine bis in die Gegenwart lebendige Ulrichsverehrung ist in der heutigen Diözese Trier, deren Grenzen in den Revolutionskriegen des ausgehenden 18. Jahrhunderts und anschließend durch die Neuorganisation 1821 stark beschnitten worden waren, unbekannt. Spuren aus dem Hoch- und Spätmittelalter lassen sich allerdings in den liturgischen Büchern vom 11. bis zum 15. Jahrhundert nachweisen, also für die Zeit zwischen der Synode von Tribur (1036) und dem Ausbruch der Reformation. Diese Handschriften nennen unter dem 4. Juli den Namen des Augsburger Bischofs. Das gilt, wie bereits aufgezeigt, für Sakramentare, Psalterien und Kalendare aus dem klösterlichen Raum, gleichermaßen aber auch für Missalen, d. h. Meßbücher, die in Kirchen des Erzbistums Trier Verwendung fanden, und die heute in der Dombibliothek zu Trier aufbewahrt werden. Daß möglicherweise Kurfürst Klemens Wenzeslaus, gleichzeitig Fürsterzbischof von Trier und Fürstbischof von Augsburg, im 18. Jahrhundert an einer Belebung des Ulrichskults in Trier interessiert gewesen sei, läßt sich in keinem Fall belegen.

Literatur

N. v. Hontheim, Prodromus Historiae Trevirensis diplomaticae et pragmaticae Tom. I, 1757, 390. – P. Miesges, Der Trierer Festkalender. Seine Entwicklung und seine Verwendung zu Urkundendatierungen, in: Trierisches Archiv, Ergänzungsheft XV (1915) 66. – Freundliche Mitteilung von H. Archivdirektor Dr. Martin Persch, Trier.

Würzburg

Die Diözese Würzburg geht in ihrem gegenwärtigen Umfang, von kleinen Veränderungen abgesehen, auf die Neuorganisation der Kirche in Bayern im Jahr 1821 zurück. Seit dem ist sie auch der Metropole Bamberg zugeordnet. Zuvor gehörte das Fürstbistum wie Augsburg zur Mainzer Kirchenprovinz und erstreckte sich auf ein weitaus größeres Gebiet. Teile davon mußten 1807 bis 1821 im Osten an Bamberg und im Süden an Freiburg und Rottenburg abgetreten werden; dafür erhielt die neue Diözese im Westen einen Zuwachs vom ehemaligen Erzbistum Mainz. Unter Berücksichtigung dieser Gebietsveränderungen ist auch die

Ulrichsverehrung in der jetzigen Diözese Würzburg zu beurteilen: Eine Pfarrkirche und drei Nebenkirchen sind heute noch dem Augsburger Bischof geweiht, während vor der Säkularisation in den zu Beginn des 19. Jahrhunderts abgetretenen Teilen 13 Ulrichspatrozinien, vor allem mit Schwerpunkten im Raum Schwäbisch Hall, Comburg und Heilbronn, nachgewiesen werden können.
In der Bischofsstadt selbst entstand um 1151 das Benediktinerinnenkloster St. Afra. Wahrscheinlich existierte bereits damals eine Ulrichskapelle, heißt es doch in einer Urkunde von 1151 „Porta beati Udalrici". An diese Kapelle schloß sich später eine Beginenklause an, erwähnt 1323 als „inclusorium sancti Ulrici", die 1476 in ein Benediktinerinnenkloster umgewandelt wurde. Als Kapellenpatrone sind Bonifatius und Ulrich genannt. Dieses Kloster wurde vor 1580 säkularisiert und abgebrochen.
Die einzige katholische Pfarrkirche St. Ulrich in Poppenroth und die Filialkirchen Braidbach und Rödles gehörten ehemals zum Hochstift Würzburg. In *Poppenroth,* einst ein kleines Dorf, heute Stadtteil von Bad Kissingen, stammt der Kirchturm in seinem Untergeschoß aus dem 13. Jahrhundert, das Schiff wurde 1612 und nochmals 1889 vergrößert. Die Pfarreierhebung erfolgte erst gegen Ende des 18. Jahrhunderts. Im Kreis Rhön-Grabfeld liegen die Filialkirchen St. Ulrich von Braidbach und Rödles, beide gehören zur Pfarrei Reyersbach. In *Braidbach* wurde die Ulrichsverehrung nach 1600 durch eine Wallfahrt zur Schutzmantelmadonna in den Hintergrund gedrängt. Das Gotteshaus selbst ist ein Saalbau aus dem Jahr 1715. In der Filialkirche von *Rödles,* deren Turm ins 17. Jahrhundert zurückreicht und deren Schiff 1868 angebaut wurde, stehen zwei Statuen der Heiligen Bonifatius und Ulrich aus der Zeit um 1750.

In *Rettersheim,* Pfr. Trennfeld, Krs. Main-Spessart, errichtete man 1923, dem 1000. Jubiläumsjahr der Bischofsweihe Ulrichs, eine kleine Kirche zu Ehren des Augsburger Heiligen, die im expressionistischen Stil ausgestaltet ist.
Abgegangen ist das Ulrichspatrozinium in der heute evangelischen Kirche in *Stetten,* Gem. Sondheim v. d. Rhön, deren Turm aus dem 15., das Schiff aber aus der Mitte des 17. Jahrhunderts stammen. Stetten, Krs. Rhön-Grabfeld, das öfter den Besitzer wechselte, wurde durch die Grafen von Mansfeld in der Mitte des 16. Jahrhunderts der Reformation zugeführt.

Literatur

J. C. Bundschuh, Geographisches Statistisch-Topographisches Lexikon von Franken, 5 Bde., 1799–1802. – Die Kunstdenkmäler von Bayern, Bd. III, Heft 10, 1924 (Nachdruck 1983). – G. Zimmermann, Patroziniumswahl und Frömmigkeitswandel im Mittelalter – dargestellt an Beispielen aus dem alten Bistum Würzburg Teil II, in: Würzburger Diözesangeschichtsblätter 21 (1959) 77. – Dehio, Handbuch der Deutschen Kunstdenkmäler. Bayern I, Franken, 1979. – Schematismen der Diözese Würzburg.

Zusammenfassung

Im Gebiet der 27 deutschen Diözesen bzw. Bischöflichen Ämter lassen sich gegenwärtig etwa 320 Ulrichspatrozinien an Pfarr- und Filialkirchen und Kapellen nachweisen, die noch bestehen oder auch im Lauf der Jahrhunderte abgegangen sind. Sicher liegt deren Zahl höher, doch bedarf es in einer Reihe von Bistümern noch genauerer Untersuchungen.
Im europäischen Raum – einschließlich Deutschland – können auf Grund einer allerdings ergänzungsbedürftigen Umfrage z. Z. etwa 560 bestehende oder untergegangene Ul-

richspatrozinien verifiziert werden. Nur wenigen Patronen eines Bistums ist eine solch weitgestreute Verehrung zuteil geworden. Sie ist begründet in der Persönlichkeit Ulrichs, in seiner reichsgeschichtlichen Bedeutung und Vorbild- und Schutzfunktion als Kämpfer gegen die heidnischen Ungarn, aber auch in der römischen Heiligsprechung vom Jahr 993.

Der heilige Ulrich im Volksglauben

Bischof Ulrich genoß nicht nur eine hohe, z. T. reichspolitisch begründete Verehrung beim Adel; auch das einfache Volk suchte sehr bald in vielerlei Krankheiten, Nöten und alltäglichen Bedrohungen Zuflucht und Hilfe beim Augsburger Bistumspatron. Grundgelegt wurde dieses Vertrauen auf seine helfende Macht durch die Vita sancti Udalrici, die Mirakelberichte, spätere Legenden, die mit der Auffindung seiner Gebeine 1183 in Verbindung standen, und durch fromme spätmittelalterliche Erzählungen. Nicht zuletzt belebte auch das Fischattribut, das die Künstler seit der Mitte des 14. Jahrhunderts den Ulrichsdarstellungen beigaben, und das in Bezug auf seine „erwiesene" Hilfe gegen Ratten und Mäuse in Einzelfällen, z. B. in St. Andreas, Köln, und in Halle, durch eine Ratte ersetzt wurde, die Verehrung des heiligen Bischofs. Aus der Legende erwachsen, regte das Attribut wiederum zu neuen Legendenbildungen an, die vom Volk erwartungsvoll aufgegriffen wurden. Nur an einigen Beispielen sollen die verschiedenen Schutzfunktionen, die man Ulrich zuschrieb, angedeutet werden.

Der Wasserpatron

Noch in einem 1979 erschienenen „Großen Buch der Heiligen" wird das Fischattribut aus der mittelalterlichen Legende gedeutet: Ulrich habe mit dem Bischof von Konstanz an einem Donnerstagabend bei Tisch gesessen. Das Mahl zog sich über Mitternacht hin, als ein Bote des bayerischen Herzogs kam, dem Ulrich ein Stück Fleisch gab. Der

Bote jedoch wollte den Bischof des unerlaubten Fleischgenusses am Freitag überführen und eilte zu seinem Herrn, um ihm das Fleisch zu zeigen. Dieses aber war in einen Fisch verwandelt worden. Bereits vor 50 Jahren hat jedoch Friedrich Zoepfl dargelegt, daß das Fischattribut ganz anders zu deuten ist, nämlich als Hinweis auf Ulrichs Wasserpatronat. Mehrfach berichtet Propst Gerhard in der Vita, wie Ulrich bei Hochwasser die Wertach und den oberitalienischen Fluß Taro trockenen Fußes durchquerte, während seine Begleiter völlig durchnäßt wurden, und bei einem Schiffsunglück auf der Donau wunderbar gerettet wurde. Konnte ein solcher Heiliger nicht auch Fürsprecher gegen die drohende Übergewalt des Wassers und den Fischern Helfer und Schützer bei ihrer gefahrvollen täglichen Arbeit sein? Nicht zufällig läßt sich eine verstärkte Ulrichsverehrung in Seeorten oder in Dörfern, die an reißenden Flüssen liegen, belegen. Das gilt beispielsweise für das Fischhaus mit Ulrichskapelle in Roßhaupten, Krs. Ostallgäu, die Pfarrkirchen St. Ulrich am Pillersee und St. Leonhard und Ulrich in Bruck am Ziller in Österreich.

In diesem Zusammenhang sei auf einen eigenartigen Brauch hingewiesen, der bereits im Handwörterbuch des deutschen Aberglaubens, Bd. VIII, unter dem Stichwort Ulrich erwähnt wird: In England werden bei den Ulrichskirchen am 4. Juli Fische verkauft. Diese Notiz geht auf den englischen Dichter Barnabe Googe (1540–1594) zurück, der wörtlich berichtet: „Wo immer Huldryche seinen Platz hat, bringen die Leute Bottiche mit Karpfen, Hechten und Meeräschen, um die Gunst des Heiligen zu gewinnen. Man stellt sie mitten in der Kirche und am Altar auf und verkauft die Fische zu so billigem Preis, daß sie jedermann erwerben kann“. Dieser Hinweis auf eine Ulrichsverehrung in England kann leider bis jetzt nicht durch den

Nachweis von Ulrichspatrozinien bestätigt werden. Francis Bond, der in seinem Werk „Dedications et Patron Saints of English Churches“ die Kirchenpatrozinien untersucht hat, kennt Bischof Ulrich nicht, und auch die alten Kalendare erwähnen unter dem 4. Juli nur den heiligen Martinus. Allerdings bemerkt Bond, daß über 650 Kirchen und Kapellen existieren, deren Patrozinium um das Jahr 1900 nicht mehr bekannt war. Stützt sich auch die Vermutung eines ehemaligen Ulrichskults in England bis jetzt vor allem auf die Aussage von Barnabe Googe, so scheint es dennoch nicht undenkbar zu sein, daß St. Ulrich hier im Mittelalter einmal verehrt wurde. Während der Amtszeit Ulrichs hatte König Otto I. 929 in erster Ehe Edith (Edgith), die Tochter des Königs Eduard d. Älteren von Wessex, geheiratet. Edith, die Mutter des späteren Schwabenherzogs Liutolf, starb 946. Aus der Zeit um 1009 stammt die Nachricht, daß Godelinde, Tochter einer vornehmen englischen Adelsfamilie, zusammen mit ihrem Bruder Rodulfo, in schwerer Not zum Grab des heiligen Ulrich nach Augsburg pilgern wollte, zuvor aber auf die Fürsprache des heiligen Mansuetus, des ersten Bischofs von Toul, von ihrer drückenden Last befreit wurde. Schließlich kamen im 11. und 12. Jahrhundert, einer Blütezeit benediktinischen Ordenslebens in England, zahlreiche Klosterobere und Weltgeistliche aus Lothringen, die möglicherweise den Ulrichskult aus ihrer Heimat auf die Insel transferiert haben. Es wäre nicht uninteressant, diesen Spuren einmal genauer nachzugehen.

Ulrich aber galt nicht nur als Schutzherr gegen die Gefahren des Wassers, er „hatte nach dem Glauben des Volkes auch vermocht, die dem Wasser einwohnende Dämonie in Segen zu wandeln“ (Fr. Zoepfl). Davon zeugen die vielen Quellen, die bis heute als Ulrichsbrunnen bezeichnet werden. Frommer Legende nach soll der heilige Bischof selbst auf seinen zahlreichen Reisen mehrere dieser Quellen gesegnet und ihnen damit Heilkraft bei mancherlei Krankheiten, vor allem bei Augenleiden, verliehen haben. Solche Ulrichsbrunnen, die auch bei größter Sommerhitze nicht austrocknen sollten, fanden und finden sich – um nur einige Beispiele zu nennen – in Eresing, Krs. Landsberg, Grafrath, Krs. Starnberg, Ichenhausen, Krs. Günzburg, Möggers, Diöz. Feldkirch, im Weiler Paterzell, Pfr. Forst, Krs. Weilheim, in Maria Steinbach, Krs. Unterallgäu, in Dehlingen bei Neresheim, in Neuwied-Müllen, Ortenaukreis, in St. Ulrich an der Larg, Diözese Straßburg, dem einzigen nach Ulrich benannten Ort in Frankreich, und vor allem in Österreich. Hier sei besonders Ulrichsbrunn auf der Nordseite des Reinerkogels bei Graz erwähnt, wo jährlich am Sonntag nach dem 4. Juli ein großes Volksfest mit Gottesdienst bei der Ulrichskapelle stattfand. Anziehungspunkt war dabei die Quelle hinter dem Altar der Ulrichskapelle.

Literatur

A. Schröder, Der heilige Ulrich in der Volksüberlieferung, in: Jahrbuch des Historischen Vereins Dillingen 36 (1923) 1–21. – F. Zoepfl, Das Fischattribut des hl. Ulrich, in: Christliche Kunstblätter 81 (1940) 24–31. – D. Lieb, St. Ulrichsstätten und St. Ulrichsbräuche – Ulrichskirchen – Ulrichsbrunnen, in: Kirchenzeitung für das Bistum Augsburg 1955, Nr. 26. – F. Grell, Die Verehrung des hl. Ulrich in Österreich und Südtirol, in: JABG 7 (1973) 145. – C. Melchers, Das große Buch der Heiligen, ^{3}1979, 412. – J. Mabillon, Annales Ordinis S. Benedicti 981–1061. Bd. IV, 1739, Lib. VIII, 194. – R. T. Hampson, Medii aevi Kalendarium. Bd. I. London 1841, 325 (Nachdruck 1978). – Monumenta Germaniae Scriptores 2° Bd. IV, 514. – H. Bächtold-Stäubli, Handwörterbuch des deutschen Aberglaubens, Bd. VIII. 1936/27, Sp. 1295–1298. – Fr. Bond, Dedications et Patron Saints of English Churches, Ecclesiastical Symbolism Saints and their Emblems. 1914. – Encyclopaedia Britannica Bd. X, 1980, 245. – K. Schmid, Edgith, in: Lexikon des Mittelalters Bd. III, 1986, Sp. 1572. – P. H. Sawyer u. R. L. Storey: Englische Kirchengeschichte, in: Lexikon des Mittelalters Bd. III, 1986, Sp. 1963–1975.

Ulrichsschlüssel

Besondere Bedeutung wird im Volksglauben dem Schlüssel als Zeichen der Macht beigemessen. Mit einem Schlüssel kann man das Verschlossene aufsperren und alles Nichtverschlossene einsperren. Ausgehend von dem Herrenwort an Petrus, „Dir will ich die Schlüssel des Himmelreiches übergeben", erhielt dieser als Attribut zwei Schlüssel. Aber auch andere Heilige, z. B. Hubertus, wurden mit einem Schlüssel dargestellt, und zwar als Zeichen der Gewalt über die Kräfte der Natur. Gleiches gilt für den Ulrichsschlüssel. Auf dem Altarbild der Filialkirche St. Ulrich, Pfarrei Heiligenkreuz am Waasen, Diözese Graz-Seckau, ist der Heilige mit Buch, Fisch und zwei kunstvollen Schlüsseln zu sehen, und das Gemälde von 1656 in der Ulrichsbergkirche beim Zisterzienserstift Rein in der Steiermark zeigt den Augsburger Bischof mit zwei knienden Männern, die an ihren Rosenkränzen je einen goldenen und silbernen Schlüssel angehängt haben. Diese Ulrichsschlüssel, am Festtag des Heiligen geweiht, galten als sicheres Schutzmittel gegen den Biß tollwütiger Hunde. Später in Vergessenheit geraten, wurde dieser Brauch 1973 im Zisterzienserstift Rein wieder belebt. Man prägte kleine Ulrichsschlüsselchen, die als Weiheandenken bei den Gläubigen sehr beliebt sind.

Literatur

H. Bächtold-Stäubli, Handwörterbuch des deutschen Aberglaubens Bd. VII, 1224. – G. Gugitz, Österreichs Gnadenstätten in Kult und Brauch Bd. 4, 1956, 227. – L. Grill, St. Ulrich an der Südostgrenze des Reiches, in: JABG 7 (1973) 179. – Ders., Das St. Ulrichsschlüsselchen als Reiner Gnadenschlüssel, in: Mitteilungen der österreichischen numismatischen Gesellschaft XVIII (1973) Nr. 1.

Der Reisepatron

Mancherlei Gefahren hat Bischof Ulrich auf seinen zahlreichen Reisen durch das Bistum Augsburg, aber auch zu den königlichen Hoftagen und nach Rom bestehen müssen, von denen die Vita berichtet. So ist es nicht verwunderlich, daß ihn das Volk vor allem im schwäbischen, wohl auch im niederösterreichischen Raum neben Christophorus, den Drei Königen und Nikolaus von Myra zum Patron der Reisenden und Wanderer erkor. Das bezeugt der Weingartener Reisesegen aus dem 12. Jahrhundert, der u. a. Ulrich nennt. Hier heißt es. „Ich sehe dir nach, ich sende dir nach mit meinen fünf Fingern fünfundfünfzig Engel. Gott sende dich heim mit Gesundheit. Offen sei dir das Siegetor, ebenso das Glückstor, geschlossen sei dir das Wassertor (d. h. du sollst vor Wassersgefahr sicher sein) und das Waffentor. Des guten Sankt Ulrichs Segen sei vor dir und hinter dir und über dir und neben dir, wo du auch wohnest und wo du seiest, daß da guter Schutz sei."
Auch eine Legende aus Niederösterreich weist auf dieses Patronat hin: Zwei Ritter, die sich verirrt hatten, gelobten eine Ulrichskapelle zu bauen, falls sie wieder den rechten Weg fänden. Nach geglückter Heimkehr erfüllten sie ihr Versprechen. Desgleichen findet sich in den altdeutschen Volks- und Meisterliedern von Johann Joseph von Görres ein Lied, in dem erzählt wird, wie ein Mann über den Bodensee wollte, aber kein Schiff fand. Da erblickte er St. Ulrich in einem Wagen, und mit diesem fuhr er über das Wasser, ohne daß er und seine Begleiter zu Pferde naß wurden.

Literatur

C. A. Birlinger, Sagen, Legenden, Volksaberglauben, Bd. I, 1874, 47. – K. Weinhold, Vom heiligen Ulrich, in: Zeitschrift des Vereins für Volkskunde 5 (1895) 421. – E. Fehrle, Zauber und Sagen, 1926, 24. – F. Zoepfl, Das Bistum Augsburg und seine Bischöfe, Bd. I, 1955, 75. – F. Grell, Die Verehrung des hl. Ulrich in Österreich und Südtirol, in: JABG 7 (1973) 147. – H. Pörnbacher, St. Ulrich in der Literatur, in: JABG 7 (1973) 302.

Der Winzerpatron und die Ulrichsminne

Ulrich kann nicht zu den speziellen Weinpatronen, wie Urban und Kilian, gezählt werden; er ist vielmehr in die Gruppe der „Universalpatrone", wie es Georg Schreiber formuliert hat, einzureihen, d. h. in die Schar der Heiligen, denen mehrere Schutzfunktionen zugeschrieben wurden. Das Ulrichspatronat der Winzer und Weinbauern und die Ulrichsminne lassen sich aus zwei Kapiteln der Vita Sancti Udalrici ableiten. Im 2. Kapitel berichtet Propst Gerhard von der sogenannten Ulrichsmesse, die der Bischof an einem Osterfest zelebrierte. Bei der Wandlung von Brot und Wein erschien eine himmlische Hand. Diese Szene ist erstmals in einem Codex des 11. Jahrhunderts im Kloster Einsiedeln dargestellt. Ulrich umfaßt mit der linken Hand den Kelch, während er mit der rechten segnet. Im 4. Kapitel aber heißt es: Der Bischof saß am Ostertag fröhlich mit dem Domklerus, den Kanonikern von St. Afra und seinen Freunden zusammen und ließ dreimal die „caritas", einen Minnebecher mit Wein umgehen. Diese Übung fand bald Nachahmung. So erzählen die Mirakelberichte von dem bischöflichen Semmelbäcker, der bei einem Mahl einen Humpen Wein leerte mit dem Trinkspruch: „Diesen Becher will ich trinken zur Minne des heiligen Ulrich", der mir schon oft geholfen hat. Dem gleichen Zweck diente wohl auch der „Trinkbecher“ des heiligen Ulrich, den Markgraf Ernst von Sachsen, nach Überlieferung des 14. Jahrhunderts, vor 1075 dem Kloster Melk in Niederösterreich geschenkt haben soll. Es ist eine mit Silberblech ausgeschlagene und mit Verzierungen versehene Kürbisschale. Ebenfalls in Sigmundskron in Südtirol genoß ein weiterer Ulrichskelch große Verehrung. Galt doch ein Trunk daraus „in der Lieb und in den Ehren S. Ulrichs“ als Heilmittel gegen Fieberkrankheiten, Tollwut und sogar gegen Cholera. Doch blieb dieser Brauch im Gegensatz zur Johannesminne auf Niederösterreich, Tirol und Schwaben beschränkt. Hier schrieben die Gläubigen dem Ulrichskelch, den man 1183 bei der Erhebung der Ulrichsgebeine gefunden hatte, besondere Heilkraft zu. Ein Schluck Wein, aus diesem Kelch getrunken, sollte in vielerlei Nöten Hilfe bringen. Dieser in der Aufklärung eingegangene Brauch lebte im 20. Jahrhundert in der Stadtpfarrei St. Ulrich und Afra in Augsburg in veränderter Form wieder auf. In der jährlichen Ulrichswoche verteilt man gesegnete Brote mit den Worten: „Die Minne des heiligen Ulrich“.

Literatur

G. Schreiber, Zur Symbolik, Sprache und Volkskunde des Weines, in: Veröffentlichungen der Kommission für Volkskunde der Deutschen Akademie der Wissenschaften zu Berlin 2 (1953) 208–232. – D. Lieb, Ulrichsminne, in: Kirchenzeitung für das Bistum Augsburg 1955, Nr. 26. – L. Dorn, St. Ulrich in der Volksüberlieferung des ehemaligen Bistums Konstanz, in: JABG 7 (1973) 129–132. – W. Pötzl, Die Anfänge der Ulrichsverehrung im Bistum Augsburg und im Reich, in: JABG 7 (1973) 113.

Der Wetterpatron

Das Wetterpatronat Ulrichs läßt sich wohl aus zwei Quellen ableiten. Erstens fiel das Sterbedatum des Augsburger Bistumspatrons mit dem Ende des heidnischen Mitsommerfestes zusammen. Daran erinnern heute noch Bergfeuer, die z. B. in Kärnten am Ulrichsfest entzündet, und brennende Scheiben, die talabwärts getrieben werden. Auch galt der 4. Juli seit altersher als Schwend- und Lostag. An einem Schwendtag, der in den Kalendern mit einem eigenen Zeichen hervorgehoben war, durfte keine Arbeit begonnen werden, er galt als Ruhe- und Feiertag. Übertrat jemand dieses Gebot, so drohte ihm Unheil, z. B. kamen ihm Ratten ins Haus, oder die Ernte wurde vernichtet. Noch Petrus Canisius wandte sich 1575 gegen diesen Aberglauben, daß der Ulrichstag ein Unglückstag sei. Unter Lostag verstand man im allgemeinen ein Heiligenfest, an das sich oft langfristige Wetter- und Erntevoraussagen knüpften, die aus uralter bäuerlicher Erfahrung stammten, sich aber auch widersprachen. So hieß es beispielsweise: „Regnet's am Ulrichstag, dann regnet's vierzig Tag", oder „wenn es am 4. Juli regnet, dann gibt es feuchtes Mehl", umgekehrt: „St. Ulrichs Regen gibt reichen Segen", oder: „Wenns am Ulrichstag donnert, so fallen die Nüsse vom Baum", d. h. die Nußernte ist mißraten. In Südtirol aber galt die Regel: „Ist es am Ulrichstag schön, wird selbst ein Fauler mit dem Heuen fertig."

Daneben ist eine zweite Quelle nicht zu übersehen: Der Kreuzpartikel im mittelalterlichen Ulrichskreuz. Bis in die Gegenwart schreibt der Volksglaube den echten Kreuzpartikeln eine besondere Schutzfunktion gegen Unwetter, Hagel und Blitzschlag zu, und in den ländlichen Gemeinden wird der Wettersegen vielfach noch bis auf den heutigen

Tag erteilt. Die ursprünglich nur dem originalen Ulrichskreuz mit dem Kreuzpartikel zugeschriebene Kraft wurde später vom Volk auf dessen Nachbildungen, schließlich ganz allgemein auf die Person Ulrichs übertragen. Nur so ist der bereits erwähnte Brauch zu verstehen, bei Dürre oder anhaltendem schlechten Wetter Ulrichskaseln im Augsburger Dom aufzuhängen, um so auf die Fürsprache des heiligen Ulrich eine Wetterbesserung herbeizuführen.

Literatur

H. Bächtold-Stäubli, Handwörterbuch des deutschen Aberglaubens Bd. VIII, 1295–1298. – H. Müller, Ulrichskreuz und Ulrichskreuze, in: Jubiläumsjahrbuch der Diözese Augsburg 955/1955. 1955, 50. – F. Grell, Die Verehrung des heiligen Ulrich in Österreich und Südtirol, in: JABG 7 (1973) 142. – E. M. Buxbaum, Ulrichsverehrung und Ulrichstraditionen im Umkreis des Petrus Canisius, in: JABG 7 (1973) 200. – H. Stolla, Der Ulrichstag – Das Ende des heidnischen Mitsommerfestes, in: JABG 14 (1980) 171–188.

Der Pferdepatron

Über dieses für den heiligen Ulrich ganz ungewöhnliche Patronat berichtet Gustav Gugitz: In der Filialkirche St. Ulrich in Scheffau, Pfr. Golling, Erzdiözese Salzburg, existierte früher eine Pferdewallfahrt, wie aus folgender Notiz zu entnehmen ist: „Noch bey Menschengedenken ist eine große Wallfahrt sonderlich aus dem Land Baiern zum St. Ulrich Gottshaus gewesen und haben etwa die Kirchförter (der Ort konnte nicht nachgewiesen werden. Möglicherweise käme eine der Ortschaften Kirchstätt in Frage) ihre Roß dahingebracht und sie wiederumben mit dem Opfer geleset, daß allsoviel Gottsberath gefallen und die Kirche stattlich hat mugen unterhalten werden, welche Wallfahrt aber durchaus abgenommen." Bis ins 17. Jahrhundert hatte die Ulrichskirche in Scheffau starken Zulauf aus dem Salzburger und angrenzenden bayerischen Raum; auch wurden noch Kerzenopfer für Pferde gegeben. Dann aber ist dieser Brauch in Vergessenheit geraten. Ulrich als Pferdepatron ist sicher eine Ausnahme, doch erscheint dieses Patronat gar nicht so abwegig, wenn man an die Gemälde der Ungarnschlacht denkt, in denen Ulrich hoch zu Roß im Kampfgetümmel dargestellt wurde.

Literatur

G. Gugitz, Österreichs Gnadenstätten in Kult und Brauch Bd. V, 205–206.

Schutzpatron gegen Ungeziefer aller Art

Wie bereits im Kapitel über die „Ulrichserde" ausgeführt, galt Ulrich seit Ausgang des 12. Jahrhunderts bis hinein ins 19. Jahrhundert als Schutzpatron vor allem gegen Mäuse und Ratten. Er teilte sich dieses Patronat u. a. mit Gertrud von Nivelles, Nicasius und in unserem Raum mit dem heiligen Magnus, der im 8. Jahrhundert im benachbarten Füssen gelebt hat und dem die Legende die Kraft zuschrieb, alles Ungeziefer auf den Feldern zu vertilgen. Benützten die Benediktiner von Füssen dazu den Wanderstab des Heiligen oder geweihtes Magnuswasser, so erzielte nach Auffassung der Benediktiner von St. Ulrich und Afra in Augsburg Ulrichserde aus dem Grab ihres Hauptpatrons die gleiche Wirkung. 1692 schrieb P. Athanasius Hofacker OCap aus Dillingen in seinem Predigtwerk Vinea Evangelica, d. i. Evangelischer Weinberg (Teil II, 273): „Der H. Ulrich muß rechte Antipathie wider die Mäus oder Ratzen gehabt haben, weilen dise sogar die erden von seinem heiligen Grab fliehen und sich, wie gottselig geglaubt wird, in seinem Bistumb nit aufhalten oder Schaden zufügen mögen." Allmählich bürgerte es sich sogar ein, Erde von den die Ulrichskirchen umgebenden Friedhöfen auf die Äcker zu streuen, um der Ratten- und Mäuseplagen Herr zu werden. Ähnliche Kraft schrieb das Volk dann den Ulrichskreuzen zu, die in die Felder vergraben wurden. Mancherorts, z. B. im Grödner Tal in Südtirol, besprengte man zusätzlich die Fluren analog zum Magnus- mit Ulrichswasser. Bei Murmeltieren allerdings genügte schon etwas Staub vom Ulrichsgrab, um die ungebetenen Gäste loszuwerden. Auch sollen alle Fliegen im Augsburger Schlachthaus auf die Fürsprache des heiligen Ulrich vertrieben worden sein. Mit Ulrich in Verbindung steht ferner ein Brauch, der lange in Oberbayern gepflegt wurde. Dort pflückte man am 4. Juli um 12 Uhr mittags Wiesensalbei, um damit die Mäuse zu vertreiben.

Literatur

F. v. S. Doyé, Heilige und Selige der katholischen Kirche Bd. II, 1929, 458. – H. Bächtold-Stäubli, Handwörterbuch des deutschen Aberglaubens Bd. VIII, 1295–1298. – F. Grell, Die Verehrung des heiligen Ulrich in Österreich und Südtirol, in: JABG 7 (1973) 146.

Der Seelenpatron

Nur wenig bekannt und auf lokale Bereiche beschränkt ist die Verehrung Ulrichs als Seelenpatron. Nie wurde er, um nur einige Beispiele zu nennen, zu den großen Sterbepatronen Maria, Michael und Josef gezählt. Dennoch heißt es in dem 1677 erschienenen Buch „Ars bene moriendi, Das ist: Kunst wol zu sterben" im Vorwort zu einer Betrachtung am Ulrichstag: „Der H. Ulrich hat vil tausend Christgläubige Seelen auß dem Fegfeuer erlößt."

Hier wird die Anschauung des gläubigen Volkes deutlich, das, aus verschiedenen Gründen motiviert, St. Ulrich zum Patron für die Sterbenden und Armen Seelen erkoren hatte. Ein Motiv fand sich in der Ulrichsvita des Abtes Berno, die mit verschiedenen Wunderberichten bereichert war: Kraft seiner großen Frömmigkeit habe Bischof Ulrich einen Mann, der von einem bösen Dämon besessen war, vollkommen geheilt. War aber ein solcher Heiliger nicht auch imstande, einen Sterbenden gegen alle Anfechtungen des Teufels zu schützen und die Armen Seelen sicher zu Gott zu geleiten? Noch eine andere Erklärung bietet Pfarrer Michael Neumayr in seiner Sammlung von 150 Beerdigungsansprachen, die 1721 erschienen ist: „Caemiterium, Das ist Leicht-Predigt". Hier heißt es in einer Betrachtung zum Fegefeuer: „Also die mit kleinen Sünden bemacklet seynd, dieselbe werden ein Zeit in das Fegfeur verwisen. Dann nichts unreines wird in jene Statt (das Himmelreich) eingelassen. Welches sogar auch der H. Augspurgische Bischoff Udalricus erfahren müssen wegen einer zu vilen Inclination gegen seiner Schwester Sohn Alberonem (Adalbero): Daher er in einer Verzuckung aufgeschryen: O, sie wollen mich nicht in ihre Gemeinschaft aufnehmen, drei Bischöfe nämlich, die schon Himmelsbürger sind" (Übersetzung). Neumayr bezieht sich hierbei auf das 26. Kapitel der Vita des Propstes Gerhard, hat aber die Aussage Ulrichs vollkommen frei gestaltet. Wiederum knüpft sich hier die Frage an: Konnte ein so heiligmäßiger Bischof, der wegen einer geringfügigen Sünde selbst das Fegfeuer erleiden mußte, nicht auch anderen Armen Seelen Helfer und Beistand sein?
So riefen die Pilger zum Ulrichsberg in Kärnten den Augsburger Heiligen als Patron für eine glückselige Sterbestunde an, „weil er Macht über die Dämonen habe", und in

einer Litanei für die Sterbenden aus dem 12. Jahrhundert, die wohl in Niederösterreich gebetet wurde, wird auch St. Ulrich genannt. In Seekirchen bei Salzburg existierte eine Seelenbruderschaft zu Ehren des heiligen Ulrich und in Frankenmarkt, Oberösterreich, soll, so wird für 1571 berichtet, mehreren Leuten die Seele eines Verstorbenen erschienen sein, die um Befreiung aus dem Fegefeuer bat: Die Erlösung aus dem Purgatorium würde gewährt, wenn man am Tag „des heiligen Bischoffs Udalrici ein Vigil und Seel-ambt"zelebrieren ließe.
Diese Verehrung Ulrichs als Seelenpatron scheint sich auf Schwaben und Österreich beschränkt zu haben, für Bayern konnte mit Ausnahme eines Ulrichskreuzes als Totenbeigabe kein Hinweis gefunden werden.

Literatur

L. Surius, De probatis Sanctorum Historiis, Tom IV, 1573, 86. – Ars bene moriendi Das ist: Kunst wol zu sterben in fünfftzig Ermahnungen ... Durch P. F. Eustachium de Rosario Ord. Praed. Augspurg 1677, Register 2. – M. Neumayr, Caemiterium. Das ist Leicht-Predigt ... Mindelheim 1721, 62. – F. Grell, Die Verehrung des heiligen Ulrich in Österreich und Tirol, in: JABG 7 (1973) 147.

Zum Ausklang

Überblickt man abschließend das Leben und die Verehrung des Augsburger Bischofs St. Ulrich, der vor tausend Jahren heiliggesprochen und dessen Tätigkeit und Kult schon in vielen wissenschaftlichen und volkstümlichen Büchern beschrieben wurde, so ist man jedesmal von neuem über die Strahlkraft seiner Persönlichkeit und die Vielzahl seiner Verehrungsformen erstaunt. Als glaubwürdiger Bischof in einer Zeit großer Kirchenkrisen bemühte er sich, seiner Hirtenaufgabe gerecht zu werden, zugleich aber

auch – wie es die damalige Situation verlangte – dem Kaiser als Reichsfürst treu und mit allen Kräften zu dienen. Mag seine nach 973 einsetzende Verehrung im Mittelalter z. T. auf reichspolitische und auch lokalgeschichtliche Motive zurückgehen, mögen Leben und Werk in der Folgezeit aus unterschiedlichen Gründen manchmal überhöht, glorifiziert und legendenhaft ausgestaltet worden sein, so zeugen dennoch die vielen Kirchenpatrozinien und die verschiedenen ihm übertragenen Patronate von der großen Zuneigung und dem Vertrauen der Menschen zu St. Ulrich.
Gerade die Bedeutung der ihm zugeschriebenen Schutzfunktionen sollte man nicht übersehen. Gesundheit, gutes Wasser zu jeder Jahreszeit und genügend Nahrung, das waren und sind elementare Wünsche menschlichen Lebens, damals wie heute. In all diesen Anliegen suchten die mittelalterlichen Gläubigen Hilfe und Unterstützung bei Bischof Ulrich. Zu seiner Grabeskirche kamen die Kranken und ersehnten sich Heilung durch einen Trunk aus dem Ulrichskelch, ihm weihten sie im Norden und Süden des Landes Quellen, die immer sprudeln sollten, und von ihm erhofften sie gutes Wetter und den Schutz ihrer Felder vor Ratten- und Mäusefraß und anderem Ungeziefer, das die jährliche Ernte bedrohte.
Der Zeitgenosse der Aufklärung, der mehr auf seine eigene Verstandeskraft als auf die Fürsprache der Heiligen vertraute, belächelte vielfach diesen scheinbar primitiven Aberglauben, und damit schwand auch die Verehrung des heiligen Ulrich. Erst durch die Initiative einiger Augsburger Bischöfe des 20. Jahrhunderts wuchs der Ulrichskult erneut im Bewußtsein der Gläubigen. Seit 1955 sieht man in Ulrich nicht nur im kirchlichen Raum ein Vorbild und einen Streiter für ein geeintes christliches Europa. Aber – so sei abschließend die Frage erlaubt – haben unsere Vor-

fahren St. Ulrich nur als Verteidiger des Abendlandes verehrt oder haben sie bei ihm nicht auch Zuflucht und Hilfe in den damals naturbedingten Gefahren ihrer Umwelt gesucht? In der Gegenwart ist es vor allem der Mensch selbst, der das ökologische Gleichgewicht zerstört. Eine Besinnung auf seine Verantwortung der gottgegebenen Schöpfungsordnung gegenüber ist dringend erforderlich. Kleine Denkanstöße dazu könnte uns vielleicht auch die schlichte Volksfrömmigkeit vergangener Jahrhunderte geben, in der sich allerdings Glaube und Aberglaube oft vermengten. Warum sollte also St. Ulrich als Schützer der Kranken, des Wassers und der Fluren nicht auch – im rechten Sinn verstanden – ein Patron unserer gefährdeten Umwelt sein können?

Anhang

Ulrichspatrozinien in den deutschen Diözesen

aufgegliedert in Pfarr- und Nebenkirchen. Unter dem Begriff Nebenkirchen sind Filialkirchen und sonstige Gotteshäuser, ausgenommen Kapellen, zusammengefaßt. Abgegangene Patrozinien sind nicht aufgeführt.

Pf = Pfarrei, MP = Mitpatron, NP = Nebenpatron, OT = Ortsteil, Lkr. = Landkreis.

Aachen

Viersen-Dülken, Vikarie

Augsburg

Pfarrkirchen

Augsburg, Ulrich u. Afra (Grabeskirche Ulrichs), Dek. Augsburg-Mitte
Aichen, Lkr. Günzburg
Aitrang, Lkr. Ostallgäu
Amendingen, OT v. Memmingen
Bad Wörishofen, Lkr. Unterallgäu
Bollstadt, OT v. Amerdingen, Lkr. Donau-Ries
Burgberg, Lkr. Oberallgäu
Deffingen, OT v. Günzburg, Lkr. Günzburg
Dietershofen, OT v. Oberschönegg, Lkr. Unterallgäu
Dillingen, 2. Stadtpfarrei
Ebersbach, Lkr. Ostallgäu
Ehingen am Ries, MP Stephanus, Lkr. Donau-Ries
Ehrenberg, OT v. Pfaffenhofen/Ilm, Lkr. Pfaffenhofen/Ilm

Emmenhausen, OT v. Waal, Lkr. Ostallgäu
Eresing, Lkr. Landsberg/Lech
Erisried, OT v. Stetten, Lkr. Unterallgäu
Feuchtwangen, MP Afra, Lkr. Ansbach
Forst, St. Leonhard, NP St. Ulrich, Lkr. Weilheim-Schongau
Graben, MP Afra, Lkr. Augsburg
Habach, Lkr. Weilheim-Schongau
Illerzell, Lkr. Neu-Ulm
Kaufbeuren
Kempten
Königsbrunn, Lkr. Augsburg
Landsberg, MP Katharina, Lkr. Landsberg/Lech
Lauben, Lkr. Oberallgäu
Lindach, OT v. Hohenwart, Lkr. Pfaffenhofen/Ilm
Maria Steinbach, OT v. Legau, MP Mariä Schmerzen, Lkr. Unterallgäu
Nersingen, Lkr. Neu-Ulm
Neuburg/Donau, Lkr. Neuburg-Schrobenhausen
Obermaiselstein, MP Katharina, Lkr. Oberallgäu
Oberschöneberg, OT v. Dinkelscherben, Lkr. Augsburg
Ollarzried, OT v. Ottobeuren, Lkr. Unterallgäu
Pestenacker, OT v. Weil, Lkr. Landsberg/Lech
Rechtis, OT v. Weitnau, Lkr. Oberallgäu
Rettenbach, Lkr. Günzburg
Schwenningen, OT v. Blindheim, MP Johann Baptist, Lkr. Dillingen
Seeg, Lkr. Ostallgäu
Söcking, OT v. Starnberg, Lkr. Starnberg
Todtenweis, MP Afra, Lkr. Aichach-Friedberg
Walchensee, Lkr. Bad Tölz-Wolfratshausen
Warmisried, OT v. Unteregg, Lkr. Unterallgäu
Wertach, Lkr. Oberallgäu

Wittislingen, Lkr. Dillingen

Nebenkirchen

Diepertshofen, Pf. Pfaffenhofen/Roth, Lkr. Neu-Ulm
Eisingersdorf, OT v. Aindling, Pf. Aindling, Lkr. Aichach-Friedberg
Ellgau, OT v. Nordendorf, Pf. Nordendorf, Lkr. Augsburg
Ettlishofen, OT v. Bibertal, Expositur St. Leonhard, NP Ulrich, Lkr. Günzburg
Füssen, Feldkirche, Pf. St. Mang, MP Afra, Lkr. Ostallgäu
Holzhausen, Pf. Utting, Lkr. Landsberg/Lech
Kerschlach, Pf. Pähl, Lkr. Weilheim-Schongau
Kleinreichertshofen, Pf. Gundamsried, Lkr. Pfaffenhofen/Ilm
Kreuzberg, Pf. Steingaden, Lkr. Weilheim-Schongau
Krumbach/Hürben, Pf. Maria Hilfe d. Christen, Lkr. Günzburg
Oberzell, OT v. Osterzell, Pf. Osterzell, MP Afra, Lkr. Ostallgäu
Pöcking, ehemalige Pfarrkirche, Lkr. Starnberg
Sallach, Pf. Gempfing, Lkr. Donau-Ries
Schönbach, Pf. Hollenbach, Lkr. Aichach-Friedberg
Seifertshofen, Pf. Ebershausen, MP Vitus, Lkr. Günzburg
Steinekirch, Pf. Markt Wald, Lkr. Unterallgäu
Unterbissingen, Pf. Bissingen, Lkr. Dillingen
Vilgertshofen, Pf. Stadl, Mariä Schmerzen, MP Ulrich, Lkr. Landsberg/Lech
Weichenberg, Pf. Alsmoos, Lkr. Aichach-Friedberg
Wiederhofen, Pf. Missen, MP Afra, Lkr. Oberallgäu

Bamberg

Poppendorf, OT v. Heroldsbach, Lkr. Forchheim

Dresden-Meißen

Weischlitz, Gemeinde Plauen, Kapelle

Eichstätt

Pfarrkirchen

Buchdorf, Lkr. Donau-Ries
Gundelsheim, OT v. Treuchtlingen, Lkr. Weißenburg-Gunzenhausen
Kevenhüll, OT v. Beilngries, Lkr. Eichstätt

Nebenkirchen

Breitenfurt, OT v. Dollnstein, Lkr. Eichstätt

Freiburg

Pfarrkirchen

Beuren, OT v. Salem, Bodenseekreis
Güttingen, OT v. Radolfzell, Bodenseekreis
Mörsch, OT v. Rheinstetten, Lkr. Karlsruhe
Müllen, Gemeinde Neuried-Müllen, Ortenaukreis
Nenzingen, Gemeinde Orsingen-Nenzingen, Bodenseekreis
Nordrach, Ortenaukreis
Obereschach, OT v. Villingen-Schwenningen, Schwarzwald-Baarkreis
Oberhausen, OT v. Rheinhausen
Öflingen, Gemeinde Wehr-Öflingen, Lkr. Waldshut
Rulfingen, Gemeinde Mengen-Rulfingen, Lkr. Sigmaringen

Schenkenzell Lkr. Rottweil
Schwandorf, Gemeinde Neuhausen o. E., Lkr. Tuttlingen
Thannheim, Gemeinde Bisingen, Zollernalbkreis

Nebenkirchen

Neckarhausen, OT v. Horb a. N.-Betra,
Pf. St. Laurentius, Horb, Lkr. Freudenstadt
Zimmerholz, Pf. Mariä Himmelfahrt, Engen, Lkr. Konstanz

Fulda

Bischhausen, OT v. Waldkappel, Filialkirche, Werra-Meißnerkreis
Hünfeld, Pfarrkirche, Krs. Fulda

Hildesheim

Moringen, Pfarrkirche, Lkr. Northeim

Köln

Pfarrkirchen

Frechen-Buschbell, Erftkreis
Sindorf, OT v. Kerpen, Pfarrkirche bis 1956, Erftkreis
Weiler i. d. Ebene, OT v. Zülpich-Weiler, abhängiges Rektorat, Erftkreis.

Magdeburg, Bischöfliches Amt

Merseburg-Süd, Vikarie

Mainz

Geinsheim, OT v. Trebur, Pfarrkirche, Lkr. Groß-Gerau

München und Freising

Pfarrkirchen

Gebensbach, Gemeinde Taufkirchen/Vils, Lkr. Erding
Hohenbachern, Stadt Freising, Lkr. Freising
München-Laim
Neukirchen am Teisenberg, Lkr. Berchtesgadener Land
Obergangkofen, OT v. Kumhausen, Lkr. Landshut
Pulling, Stadt Freising, Lkr. Freising
Rottenbuch, Mariä Geburt, NP Ulrich, Lkr. Weilheim-Schongau
Unterschleißheim, Lkr. München
Vilslern, OT v. Velden/Vils, Lkr. Landshut

Nebenkirchen

Anzhofen, Pf. Maisach, Lkr. Fürstenfeldbruck
Biberg, OT v. Tuntenhausen, MP Leonhard, Lkr. Rosenheim
Blumthal, Pf. Hofkirchen, Lkr. Erding
Dürnseiboldsdorf, Pf. Mauern, Lkr. Freising
Englertshofen, Pf. Aufkirchen a. d. Maisach, Lkr. Fürstenfeldbruck
Fußberg, Kuratie Überacker, MP Fest d. Unschuldigen Kinder, Lkr. Fürstenfeldbruck
Gars am Inn, St. Ulrich im Urtelgraben, Lkr. Mühldorf a. Inn
Grasbrunn, Pf. Putzbrunn, Lkr. München
Haunertsholzen, Pf. Niedertaufkirchen, Lkr. Mühldorf a. Inn
Heimstetten, Pf. Kirchheim b. München, Lkr. München
Holzhausen, Pf. Sünzhausen b. Schweitenkirchen, Lkr. Pfaffenhofen/Ilm
Innerbittlbach, Pf. Isen, Lkr. Erding

Königswiesen, Pf. Gauting, Lkr. Starnberg
Lanzenhaar, Pf. Sauerlach, Lkr. München
Mittenkirchen, Pf. Weyarn, MP Vitus, Lkr. Miesbach
Mühldorf, Pf. Hohenkammer, Lkr. Freising
Mühltal, Pf. Grossdingharting, Lkr. München
Oberumbach, Pf. Pfaffenhofen a. d. Glonn, Lkr. Dachau
Odelsham, Pf. Babensham, Lkr. Rosenheim
Pesenlern, Markt Wartenberg, Lkr. Erding
Reichertsdorf b. Attenhausen, Pf. Gündlkofen, MP Laurentius, Lkr. Landshut
Schnabling, Pf. Engelsberg, Lkr. Altötting
Siglfing, Pf. Erding, Lkr. Erding
Stadlern, Gemeinde Kling, Lkr. Rosenheim
Steinkirchen, Pf. Obertaufkirchen, Lkr. Mühldorf a. Inn
Stumpfenbach, Pf. Altomünster, MP Leonhard, Lkr. Dachau
Thann, Markt Holzkirchen, Lkr. Miesbach
Thann, Pf. Zolling, Lkr. Freising
Tiefenbach, Pf. Ast, Lkr. Landshut
Ulrichshögl, Pf. Ainring, Lkr. Berchtesgadener Land
Unterschleißheim, Pf. Lohhof, Lkr. München
Wangen, Stadt Starnberg, Lkr. Starnberg
Wolfersberg, Pf. Oberpframmern, Lkr. Ebersberg
Wurmsham, Pf. Seifriedswörth ü. Landshut, Lkr. Landshut

Münster

Alpen am Niederrhein, Pfarrkirche, Lkr. Wesel

Osnabrück

St. Peter-Ording a. d. Nordsee, Pfarrkirche, Lkr. Nordfriesland

Paderborn

Paderborn, Gaukirche, Pfarrkirche
Paderborn, OT Schloß Neuhaus, Pfarrkirche, NP Ulrich

Passau

Pfarrkirchen

Büchlberg b. Passau, Lkr. Passau
Kirn, Lkr. Rottal-Inn
Pocking im Rottal, Lkr. Passau
Rathmannsdorf, Lkr. Passau
Zell, Gemeinde Falkenberg, Lkr. Rottal-Inn

Nebenkirchen

Lengham, OT v. Bad Birnbach, Lkr. Rottal-Inn

Regensburg

Pfarrkirchen

Aich, OT v. Bodenkirchen, Lkr. Landshut
Ainau, OT v. Geisenfeld, Lkr. Pfaffenhofen/Ilm
Dieterskirchen, Lkr. Schwandorf
Hohenfels, Lkr. Neumarkt/Oberpfalz
Kemnath b. Fuhrn, OT v. Neunburg v. Wald, Lkr. Neunburg v. W.
Lam, Lkr. Cham
Michldorf, Lkr. Neustadt a. d. Waldnaab
Schwarzach-Altfalter, OT v. Schwarzach b. Nabburg, Lkr. Schwandorf
Treidlkofen, OT v. Bodenkirchen, Lkr. Landshut
Wilchenreuth, Expositur, OT v. Theisseil, Lkr. Neustadt a. d. Waldnaab

Nebenkirchen

Buchhausen, Pf. Ascholtshausen, Lkr. Straubing-Bogen
Ebenhausen, Pf. Niederhornbach, Lkr. Landshut
Gisseltshausen, Pf. Rottenburg a. d. Laaber, Lkr. Landshut
Greißing, Pf. Geiselhöring, Lkr. Straubing-Bogen
Großaich, OT v. Aufhausen, Expositur Wallkofen, Lkr. Straubing-Bogen
Haidstein, Pf. Runding, Lkr. Cham
Kleinweichs, Pf. Otzing, Lkr. Deggendorf
Mainbach, Pf. Oberdietfurth, Lkr. Rottal-Inn
Regensburg, St. Ulrich (Dompfarrei)
Sallach, OT v. Gangkofen, Pf. Reicheneibach, Lkr. Rottal-Inn
Sittling, OT v. Neustadt a. d. Donau, Pf. Bad Gögging, MP Wolfgang, Lkr. Kelheim
Tiefenthal, OT Stadt Wörth, Expositur Hofdorf, MP Wolfgang, Lkr. Regensburg
Ulrichsberg, Pf. Grafling, Lkr. Deggendorf
Ulrichsberg, Expositur Burkhardsrieth, Lkr. Neustadt a. d. Waldnaab
Ulrichsschwimmbach, Pf. Marklkofen, Lkr. Dingolfing-Landau
Ulrichsried, Pf. Rainertshausen, Lkr. Landshut
Unterempfenbach, Pf. Oberempfenbach, Lkr. Kelheim
Unterröhrenbach, Pf. Moosthann, Lkr. Landshut
Wetterfeld, Pf. Roding, Lkr. Cham

Rottenburg-Stuttgart

Pfarrkirchen

Alberweiler, OT v. Schemmerhofen, Lkr. Biberach
Arnach, OT v. Bad Wurzach, Lkr. Ravensburg

Baustetten, OT v. Laupheim, Lkr. Biberach
Bodnegg ü. Rosenburg, MP Magnus, Lkr. Ravensburg
Dietmanns, OT v. Bad Wurzach, MP Margareta, Lkr. Ravensburg
Dornstadt, Alb-Donau-Kreis
Ellwangen St. Wolfgang, MP Ulrich, Ostalbkreis
Fulgenstadt, OT v. Saulgau, MP Konrad, Lkr. Sigmaringen
Geislingen b. Balingen, Zollernalbkreis
Ingerkingen, OT v. Schemmerhofen, Lkr. Biberach
Kirchheim unter Teck, Lkr. Esslingen
Kißlegg, MP Gallus, Lkr. Ravensburg
Neresheim, Klosterpfarrei, MP Afra, Ostalbkreis
Obersulmetingen, OT v. Laupheim, Lkr. Biberach
Seibranz, OT v. Bad Wurzach, Lkr. Ravensburg
Stockheim, OT v. Brackenheim, Lkr. Heilbronn
Stuttgart-Fasanenhof
Uigendorf, OT v. Unlingen, Lkr. Biberach
Wangen/Allgäu, Lkr. Ravensburg
Wehingen, Lkr. Tuttlingen
Wellendingen, Lkr. Rottweil

Nebenkirchen

Bildechingen, Pf. Schmerzhafte Muttergottes, Lkr. Freudenstadt
Dehlingen, OT v. Neresheim-Ohmenheim, Ostalbkreis
Hohentengen, Lkr. Waldshut
Urspring, OT v. Lonsee, Alb-Donau-Kreis

Speyer

Pfarrkirchen

Deidesheim, Lkr. Bad Dürkheim

Haßloch, Lkr. Bad Dürkheim
Kapsweyer, Lkr. Südl. Weinstraße

Nebenkirchen

Fischbach b. Dahn, Wallfahrtskapelle, Lkr. Pirmasens

Würzburg

Poppenroth, OT v. Bad Kissingen, Pfarrkirche, Lkr. Bad Kissingen

Nebenkirchen

Braidbach, OT v. Bastheim, Pf. Reyersbach, Lkr. Rhön-Grabfeld
Rettersheim, OT v. Triefenstein, Pf. Trennfeld, Main-Spessart-Kreis
Rödles, OT v. Bastheim, Pf. Reyersbach, Lkr. Rhön-Grabfeld

Personen- und Ortsregister